삶의 무기가 되는

최강 멘탈

삶의 무기가 되는 최강 멘탈

1판 1쇄 인쇄 2021년 6월 10일
1판 1쇄 발행 2021년 6월 15일

지은이 오재욱
펴낸이 이기준
펴낸곳 리더북스
출판등록 2004년 10월 15일(제2004-000132호)
주소 경기도 고양시 덕양구 지도로 84, 301호(토당동, 영빌딩)
전화 031)971-2691
팩스 031)971-2692
이메일 leaderbooks@hanmail.net

ISBN 979-11-90616-37-9 03320

리더북스는 독자 여러분의 책에 관한 아이디어와 원고 투고를 설레는 마음으로 기다리고 있습니다. 책으로 엮기를 원하는 아이디어가 있으신 분은 이메일 leaderbooks@hanmail.net로 간단한 개요와 취지, 연락처 등을 보내주세요.

Iron Mind, Iron Will

삶의 무기가 되는 최강 멘탈

유리 멘탈은 어떻게 강철 멘탈로 단련되는가

오재욱 지음

리더북스

추천의 글

느닷없이 모르는 이름으로 이메일이 도착했습니다. 원고를 읽고 추천사를 써 달라며 간곡히 도움을 청하는 내용이었습니다. '멘탈 관리법'에 관한 원고였습니다. 글을 쓴 저자가 궁금해 전화를 걸었습니다. 짧지 않은 통화 후에, 심리학을 공부하고 멘탈 전문가의 길로 들어선 저자의 책에 추천사를 써 주기로 했습니다. 이 책을 읽는 독자들은 저자가 공부하면서 건져 올린 방대한 자료를 거저 얻을 수 있습니다.

삶은 여행입니다. 여행하려면 많은 물건이 필요합니다. 나침반, 지도, 비상식량, 손전등……. 무엇보다 챙겨야 할 준비물은 '건강하고 강한 멘탈'입니다. 삶에서 언제든 배낭을 메고 나아갈 때 길을 잃고 헤매지 않기 위해 강한 멘탈이 필요합니다. 바로 이 책이 단단한 멘탈을 가지도록 도와줄 것입니다.

험난한 삶 속에서 이리저리 휩쓸려 정신없이 지내다 보면 몸과 마음

어딘가에는 생채기가 남기 마련입니다. 치유는 그리 어렵지 않습니다. 이 책을 손에 쥐고 천천히 문장을 따라 걷기만 해도 마음에 새살이 돋고 축 처져 있던 멘탈에 근육이 붙고 새롭게 힘을 낼 수 있습니다.

치료는 힘든 마음을 낫게 하고, 치유는 쉬면서 경직된 생각을 풀어줍니다. 그리고 독서는 관리가 안 된 멘탈을 강하게 붙잡아 줍니다. 혹시라도 외상 후 스트레스에서 벗어나지 못한 분이 있다면, 이 책을 읽고 성장하는 시간을 스스로 선물하면 좋습니다. 저자 오재욱이 그랬던 것처럼, 독자 여러분도 이 책을 읽으면서 멘탈 관리 전문가가 되길 바랍니다.

-이재연(고려대학교 대학원 아동코칭학과 강의전담 교수)

언제나 인생을 살면서 힘든 시기가 있다. 스포츠 역시 인생과 닮았다. 잘될 때는 무념무상이지만 힘들고 지칠 때는 강철 멘탈도 바닥으로 떨어진다. 강한 멘탈로 미리 준비하고 대비한다면 큰 실패를 피해 갈 수 있다. 성공한 선수들이 멘탈 관리를 잘하듯이 인생을 살아갈 때도 멘탈 관리는 더욱더 필요하다.

이 책은 멘탈을 단단히 만들어주는 방법을 제시한다. 독자들이 강한 멘탈로 멋지고 실패 없는 인생의 이글을 잡길 바란다. 내 친구 오재욱의 책을 읽으면서 나도 인생의 큰 선물을 받은 기분이다.

-송경서(프로 골퍼, JTBC 골프 해설위원)

내가 기억하는 오재욱은 활동적이고 에너지 넘치는 친구였다. 삶의 풍파를 만나 멘탈이 흔들리며 직접 겪은 그의 경험과 인생 공부는 독자들에게 분명히 도움이 되는 자양분이라고 생각한다. 부디 지쳐있는 사람들이 이 책을 읽으면서 흔들리는 멘탈을 다잡고 본인만의 긍정 인생 연구소장이 되기를 소망한다.

-홍경민(가수)

저는 전업 작가로 14년간 살아오며 멘탈의 중요성을 절감했습니다. 샐러리맨으로 또박또박 월급을 받는 삶이 아니라 책 쓰기 준비 과정, 출판 이후의 결과, 생활비, 그다음의 책을 쓰는 미래까지 모든 것이 불확실한 직업이 바로 작가이기 때문입니다. 오재욱 작가가 쓴 이 책에는 멘탈에 관한 이론과 연구 자료뿐만 아니라 멘탈을 강화하는 방법이 제시되어 있습니다. 구체적으로 멘탈을 단련하는 실천 방법을 읽으며 무릎을 치고, 때로는 공감하고 감동했습니다. 이 책이야말로 불안한 현대인들에게 큰 도움이 되리라 확신합니다. 모쪼록 이 책이 최강 멘탈로 사는 데 도움이 되길 바라며 좋은 책이어서 일독을 권합니다.

-이상민(작가, 이상민책쓰기연구소 대표)

저자의 말

40대 초반까지 영화 〈올드보이〉의 남자 주인공 오대수처럼 살았다. 오대수는 '**오**늘만 **대**충 **수**습하며 살자.'라는 의미다. 자존감보다 자존심만 센 사람이었다. 잘 다니던 회사를 그만두고 준비도 없이 29세에 자영업을 시작했다. 수도 없이 실패를 거듭했다. 유리 멘탈이 될 수밖에 없는 생활의 연속이었다. 당연한 결과였겠지만 불혹의 나이에 개인 회생을 신청하게 되었다. 금융기관에서 나의 신용은 바닥이었고 멘탈도 바닥이었다. 그 와중에 상표권 분쟁으로 대법원까지 가는 소송에 휘말렸다. 결과는 패소였고 멘탈은 더더욱 바닥으로 주저앉았다.

2015년에 거래처 여직원이 사이버대학의 인터넷 강의로 공부하는 것을 보고 호기심이 생겼다. 대학을 중퇴한 나는 고려사이버대학교 상담심리학과에 편입했다. 3년 동안 인터넷 강의로 공부하면서 많은 것을 느꼈다. 그러던 중 교통사고로 열흘간 병원에 입원하게 되었다. 딱

히 할 게 없어서 책을 읽기 시작했다. 밤낮으로 문장에 밑줄을 그으면서 나를 돌아보았다. 그동안 실패와 좌절로 상처받은 마음이 독서하면서 치유되고 심리학 공부로 멘탈을 단단하게 잡아 나갈 수 있었다.

2019년 3월 개인 회생에서 복권되었다. 잘하던 골프용품 도매 영업을 뒤로하고 보험회사에 입사했다. 그때 나이는 45세였다. 보험 영업은 골프용품 영업과 완전히 결이 달랐다. 돌방은 저돌적으로 하는 개척 영업이었다. 사업자를 상대로 컨설팅하는 콘셉트로 영업하기 위해 돌방을 돌았다. 6개월 동안 멘탈이 남아나질 않았다. 아직도 기억나는 것은 어떤 달의 급여가 26,000원이었다. 그런데도 10개월 열심히 일한 성과로 회사에서 100명 남짓인 프리미어 클럽에 입성했다.

내 카톡 프로필은 '긍정 인생 연구소장'이다. 긍정적인 사고방식을 유지하기 위해서는 멘탈 관리가 필수다. 멘탈 관리는 독서와 실천이 뒷받침되어야 한다. 지금 나는 경제적으로 성공한 사람은 아니지만 스스로 부자라고 생각한다. 인생에서 꾸준한 독서가 중요하다는 것을 알고, 생각한 것을 실천하는 멘탈 부자가 되었다. 나는 항상 얘기한다. 독서를 하는 사람과 안 하는 사람의 차이는 '생각한 것을 실천하느냐 안 하느냐'로 구분된다고.

복잡하고 빠르게 변하는 세상에서 멘탈은 시도 때도 없이 흔들린다.

구체적인 방법을 알고 멘탈을 다잡아야 한다. 두려움과 강박관념 등 부정적인 마음을 이겨내야 한다. 자존감을 찾고 긍정적인 마음을 유지해 멘탈을 단단히 만들어야 한다.

독서와 공부는 내 인생을 바꾸어 놓았고 유리 멘탈이 강철 멘탈로 달련되게 했다. 실패와 좌절을 독서와 심리학 공부를 하면서 이겨낸 경험, 멘탈을 단단히 유지하는 구체적인 방법을 글로 적었다. 많은 사람이 이 책을 읽으면서 최강 멘탈이 되고 그것을 삶의 무기로 사용하며 편한 마음으로 살아갈 수 있기를 바란다.

차례

1장 최강 멘탈은 어떻게 삶의 무기가 되는가?

2장 일상에서 멘탈이 무기가 될 때

3장 멘탈의 단련술

4장 멘탈을 지배하고 원하는 것을 얻는 비결

5장 최강 멘탈 실전 연습

1장

최강 멘탈은 어떻게 삶의 무기가 되는가?

IRON MIND 01 IRON WILL

유리 멘탈인 사람들에게

살면서 수많은 일을 겪고 그때마다 우리는 순간순간 생각과 행동으로 반응한다. 언제나 좋은 결과가 나오지는 않는다. 인간의 뇌는 좋은 것보다 안 좋은 것을 더 기억하고 느낀다. 좋았던 일보다 나쁜 일을 잘 기억하는 이유다.

도무지 해결될 기미가 보이지 않는 문제에 맞닥뜨렸을 때 멘탈이 약한 사람과 멘탈이 강한 사람은 반응이 다르다. 멘탈이 약한 사람은 위기나 시련에 크게 흔들리지만 멘탈이 강한 사람은 꿋꿋하다. 다행스러운 것은 멘탈은 훈련과 노력으로 강하게 만들 수 있다는 것이다.

'멘탈'이란 무엇인가?

"멘탈이 털린다"는 말을 한 번쯤 들어본 당신은 '멘탈이 대체 뭔데?'라고 궁금해할지도 모른다.

'멘탈mental'의 어원은 라틴어 '정신의', '마음의' 뜻을 가진 '멘탈리스mentalis'에서 비롯되었다. 미국, 프랑스, 독일 등 여러 나라에서 이 단어를 쓰고 있다. 영어 'mentality'는 정신력을 뜻한다. 'mental'은 정신적인 문제가 있는 사람한테 사용한다. 우리나라에서 멘탈의 쓰임은 미국과는 조금 다르다. 넓게는 '정신력의 강도', '심기(心氣)', '심지(心志)' 등의 의미로, 흔히 '정신상태', '정신력'으로 쓰인다. 일반적으로 멘탈이 강하면 몸과 마음이 건강한 것으로 볼 수 있다.

젊은이들은 멘탈이 약할 때, '유리 멘탈', '비눗방울 멘탈', '휴지 멘탈', '쿠크다스 멘탈', '두부 멘탈'이라고 표현한다. 멘탈이 흔들릴 때는 '멘붕이 왔다', '멘탈이 나갔다', '멘탈이 털렸다', '멘탈이 깨졌다'고 한다. 두려움 앞에서, 좋지 않은 결과로 마음이 무겁고 힘들 때 유리 멘탈, 쿠크다스 멘탈은 깨지고 부서지기 쉽다. 두부 멘탈은 두부처럼 물렁물렁하여 심지 굳게 난관을 극복할 수 없다.

이와 반대로 멘탈이 강하면 '멘탈 갑', '강철 멘탈', '다이아몬드 멘탈'이라고 표현한다. 스포츠에서는 육체란 뜻을 가진 피지컬physical의 반대 의미로 쓰이기도 한다. 골프를 흔히 '멘탈 게임'이라고 하는데, 여기서 멘탈은 '정신력, 판단력, 평정심'의 의미로 볼 수 있다.

이렇게 '멘탈'의 쓰임새만 봐도 유리 멘탈에서 강철 멘탈로 탈바꿈해야 하는 이유가 충분하다.

배는 잔잔한 파도에서 미끄러지듯 앞으로 나아간다. 환경이 좋고 일이 술술 풀릴 때는 멘탈이 단단하다고 자부한다. 거센 바람이 불고 물결이 출렁이기 시작하면 배가 심하게 요동친다. 환경에 지배받으면 평온했던 마음이 소란스러워진다.

질병에 걸렸다.

– "이 병든 몸으로 무얼 할 수 있겠어."

직장에서 해고되었다.

– "무얼 하면서 먹고살지."

사업이 망했다.

– "다시 재기할 수 있을까?"

이것은 멘탈이 약한 사람들의 반응이다. 조금이라도 삶의 위기가 오면 갈팡질팡하면서 중심을 잃는다. 멘탈이 약한 사람은 이런 특징이 있다.

★ 스트레스를 자주 받는다.

★ 삶의 만족도가 낮다.

★ 성과를 올리는 데 주저한다.

우리가 오해하는 멘탈의 진실

우리는 각자 다른 체력을 가지고 있듯이 멘탈도 각자 다르다. 멘탈이 이렇게 다른 이유는 몇 가지로 살펴볼 수 있다.

❶ 유전적 요인: 유전자는 강인한 정신력에 영향을 미친다.

❷ 성격적 요인: 똑같은 상황에서도 긍정적 또는 부정적으로 반응한다.

❸ 경험적 요인: 각자의 경험에 새겨진 세상과 사람을 보는 관점이 다르다.

우리는 강한 멘탈을 오해하고 있다.

★ 무조건 나약한 감정을 무시해야 한다.

★ 당연히 행동을 거칠게 해야 한다.

★ 무슨 일이든 혼자 알아서 해야 한다.

★ 반드시 성공해야 한다.

이렇게 잘못 알고 오해하고 있는 강한 멘탈에 관해서 바로잡아야 한다.

강한 멘탈은 타고나기보다는 만들어진다. 하찮은 체력도 유산소운동과 근력운동을 꾸준히 하면 강철 체력으로 거듭나듯이, 멘탈도 노력과 훈련으로 유리 멘탈이 얼마든지 최강 멘탈이 될 수 있다.

나는 감정이 상하면 주변 사람들에게 거칠게 행동하고, 큰소리로 윽박지르곤 했다. 게다가 욕도 잘했다. 자영업을 하면서 모든 것을 혼자 하고 잘못된 것도 고집스럽게 밀고 나갔다. 그래야 강한 사람인 줄 알았다. 책을 읽고 공부하면서 조금씩 변하기 시작했다. 감정이 상해도 절대로 욕을 하지 않았다. 나쁜 감정에 더는 끌려다니지 않았다. 이성적으로 생각하여 혼자 할 수 없는 일은 도움을 요청했다. 거칠게 행동하는 것과 적극적으로 행동하는 것의 차이를 분명히 인식하고 긍정적인 결과가 나올 수 있게 행동했다. 그러면서 멘탈이 점점 강해지기 시작했다.

캐나다의 로렌스 르뮤 선수는 어려서부터 요트를 탔다. 1984년에 LA 올림픽에 출전했지만 아쉽게도 메달권에는 들지 못했다. 피땀 흘려 훈련하고 1988년 서울올림픽 요트 경기에 출전했다. 최종 순위는 22위였다. 하지만 그는 금·은·동메달이 아닌 아주 특별한 메달을 목에 걸었다.

요트 경기가 치러진 부산에는 그날따라 강한 바람이 불고 파도가 높았다. 르뮤 선수는 1위와 각축을 벌였다. 충분히 금메달도 노릴 수 있는 상황이었다. 그런데 근처에서 싱가포르팀의 요트가 강한 바람을 이기지 못하고 뒤집히는 일이 벌어졌다. 두 선수가 물에 빠져 허우적거렸다. 안타깝게도 한 선수는 다쳤고 또 다른 선수는 해류에 떠내려갈 위험에 처했다. 이를 목격한 르뮤 선수는 요트의 방향을 그곳으로 돌렸다. 그는 싱가포르 선수들을 구조한 뒤 의무 보트가 올 때까지 돌보았다. 싱가포르팀을 돕고 결승점에 도착한 그의 최종 성적은 22위였다. 강력한 우승 후보였지만 그는 페어플레이와 희생정신을 더 중요하게 여겼다. 자신을 희생하고 용기를 보여준 르뮤 선수는 진정한 스포츠맨십으로 전 세계인에게 감동을 안겨 주었다. 스포츠인의 본보기가 된 그에게 IOC 위원장은 피에르 드 쿠베르탱 메달을 수여했다. 1964년 상이 제정된 이래 수상자가 17명밖에 없는 값진 메달이다.

로렌스 르뮤 선수의 일화로 강한 멘탈의 실체가 무엇인지 알 수 있다. 강한 멘탈을 가진 사람은 자기감정을 통제하고, 긍정적이고 이성적인 사고를 하고, 적극적으로 행동한다. 금메달을 목에 걸어야 강한 멘탈의 소유자라고 인정받는 것은 아니다. 절체절명의 순간에 자신의 목표를 과감히 포기하고 희생하며 용기를 발휘할 줄 아는 사람이 강한 멘탈을 가진 사람이다.

우리의 감정, 생각, 행동은 상호 작용한다.

❶ 감정: 나쁜 감정에 끌려가지 않도록 감정을 통제한다.

❷ 생각: 이성적으로 생각하고 객관적으로 사고한다.

❸ 행동: 긍정적으로 생각하고 적극적으로 행동한다.

감정 통제, 객관적인 사고, 적극적인 행동으로 멘탈을 강하게 만들면 경제적 문제, 인간관계 문제에서 벗어나 자유롭고 행복한 인생을 살 수 있다. 멘탈이 강한 사람은 시련과 위기에서도 쉽게 흔들리지 않고, 회복 탄력성이 좋으며, 건강한 몸과 마음을 유지한다.

MIRACLE MENTAL

★ 멘탈이 약하면 스트레스를 자주 받고, 삶의 만족도가 낮고, 성과를 올리는 데 주저하게 된다.

★ 멘탈이 약하다고 실망하지 않아도 된다. 멘탈은 노력과 훈련으로 얼마든지 강하게 만들 수 있다.

★ 우리가 잘못 알고 오해하고 있는 멘탈에 관해서 바로잡아야 한다. 멘탈을 강하게 만들면 경제적 문제, 인간관계의 문제에서 벗어나 자유롭고 행복한 인생을 살 수 있다.

★ 나쁜 감정에 끌려가지 않도록 감정을 통제한다.

★ 이성적으로 생각하고 객관적으로 사고한다.

★ 긍정적으로 생각하고 적극적으로 행동한다.

★ 멘탈이 강해지면 시련과 위기에서도 쉽게 흔들리지 않는다. 회복탄력성도 좋아져 건강한 몸과 마음을 유지할 수 있다.

긍정적인 경험은 긍정적인 생각에서 비롯된다

자신의 이미지는 생각과 경험으로 만들어진다. 긍정적으로 생각하면 좋은 경험이 쌓인다. 과거의 부정적인 이미지는 긍정적인 경험으로 바꿀 수 있다.

인간의 뇌는 부정적인 것에 더 빠르게 반응한다. 부정적인 생각이 눈덩이처럼 불어나는 이유다. 긍정적인 생각을 해야 한다. 원하는 것을 얻으려면 긍정적인 사고가 필수다.

삶은 '제일 많이 생각하는 것'에 따라 흘러간다. 긍정적인 생각을 많이 할수록 원하는 것을 얻을 수 있다. 부정하고 싶은 상황에서도 긍정적인 생각이 도움이 된다. 긍정적인 생각은 막막하고 답답할 때도 잘 될 수 있음을 의심하지 않게 한다.

긍정적인 사람의 생각은 다르다

긍정적인 사람은 일이 잘 풀리든 안 풀리든 감정에 동요가 없다. 처지나 형편에 따라 혼란스러워하거나 술렁이지 않는다.

★ 일이 잘 안되니 더 분발해야겠다.

★ 일이 잘되니 더 열심히 해서 이 기분을 유지해야겠다.

긍정적인 사람은 이렇게 좋은 감정을 유지한다. 모든 일에 감사하면 기분이 좋아지고 의욕도 올라간다.

하지만 부정적인 생각을 많이 하는 사람은 일이 안 되면 남 탓, 환경 탓을 하고 심지어 일이 잘 풀릴 때도 의심한다.

★ 내 주변에는 도와줄 사람이 전혀 없어. 환경이 이래서야 무슨 일이 되겠어.

★ 언제까지 잘 될까? 이러다 일이 잘 안 되면 어쩌지?

긍정적인 삶은 기쁨, 행복, 즐거움, 기분 좋음, 상쾌함 등의 정서를 누리는 삶이다. 부정적인 센서는 끄고 긍정의 센서를 켜면 관대해진다. 작은 것도 긍정의 센서로 감지하면 생각의 폭을 키울 수 있다. 작은 행운이나 즐거움에도 긍정적인 신호를 느끼고 반응하게 된다.

몇 시간 낚시해서 겨우 요만한 피라미를 잡다니!

– "손맛에 희열을 느낀다."

땅바닥에 떨어진 100원짜리 동전을 주웠다.

– "행운의 동전이네."

긍정적 신호에 관대해지면 아주 작은 것에도 기쁘고 기분이 상쾌하다.

골프 사업은 겨울이 비수기다. 특히 코로나19 전염으로 경제적 한파는 더 혹독했다. 나보다 한 달 먼저 골프 전문점을 시작한 후배에게 "오늘은 장사가 어때? 개시는 했어?"라고 전화로 물으면 "형님, 손님 없어요. 개시도 못 했어요."라고 대답한다. 손님이 없을 때 온라인에 상품을 올려서 어떻게든 팔아보려고 애쓰는 후배이기에 긍정적인 말을 해준다.

"넌 계속 일하고 있잖아. 온라인 매출로 빛을 볼 날이 꼭 올 거야."

긍정적인 표현을 하면 듣는 사람이나 말하는 사람이나 즐겁고 기분이 좋아진다.

긍정의 센서를 켠다

생각은 꼬리에 꼬리를 문다. 부정적으로 생각하기 시작하면 한도 끝도 없다. 부정적인 생각이 들 때는 "스톱(STOP)!" 하고 마음속으로 외쳐보자. 부정적 사고방식에 젖어 있으면 긍정적인 경험을 할 수 없다. 긍정적인 경험은 긍정적인 생각에서 비롯된다. 긍정적인 경험을 많이 만들어 부정적인 이미지를 바꿔야 한다. 반드시 긍정적인 생각으로 마무리해야 한다. 이것이 자신에 대한 부정적인 이미지를 바꾸기 위해 제일 먼저 해야 할 일이다.

야유회에서 족구를 했는데 내가 속한 팀이 졌다면? 이때 '팀워크가 엉망이니 당연히 질 수밖에'라고 부정적으로 생각할 수도 있지만, '모처럼 땀 흘리고 노니까 졌어도 즐겁네.'라고 긍정적으로 생각할 수도 있다. '게임에서 졌다'는 부정적 경험이고, '게임이 즐겁다'는 긍정적 경험이다. 이렇게 긍정적인 사고방식으로 긍정적인 경험을 할 수 있다. 어떤 경험을 하든 긍정적으로 생각하면 부정적인 이미지는 점차 바뀌기 시작한다.

'긍정적으로 생각하기'는 관점을 바꾸는 계기가 된다. 컵에 물이 절반쯤 있을 때 '에이~ 반밖에 없네'보다는 '우와~ 반이나 있네.'로 생각해보자. 긍정이 쉽지 않다면 그냥 '반쯤 있네'라고 생각해도 상관없다. 요점은 '없다'라는 부정적 생각을 '있다'라는 긍정적인 생각으로 바꾸는 것이다.

"오늘 매출이 10만 원밖에 안 된다."

– "오늘 매출이 10만 원이나 된다."

이처럼 '안 된다'를 '된다'로 바꾸는 연습을 해보자. 부정적인 생각이 들 때 곧바로 긍정적인 생각을 하는 훈련이 필요하다.

얼마 전 내가 입점한 골프연습장이 수도관 동파로 하루 휴장했다. 다음 날 출근해보니 엘리베이터도 고장 나서 사용할 수 없었다. 연습장으로 올라가는 계단은 건물 밖에 있는데 골프 연습하러 온 분들이 잘 몰라서 우리 골프숍에 들어와 "계단이 어딘가요?"라고 물었다. 같이 일하는 실장은 "손님보다 계단 위치 물어보는 사람이 더 많아요" 하며 한숨을 쉬었다. 나는 손님이 가게에 들어오는 것만으로도 좋은 일이라고 말해 주었다. 골프 용품을 사든 안 사든 가게에 들어오는 것만으로도 반가운 일이다. 친근하게 생각하기에 부담없이 가게에 들어오는 것이고 게다가 눈 맞추고 인사하니 얼마나 좋은 일인가!

어떤 일이든 부정적으로 생각하면 답답하고 조급해서 한숨이 나온다. 이때 제일 먼저 해야 할 일은 긍정의 센서를 켜는 것이다.

멘탈의 연금술

내가 지금 어떤 모습이고, 어떤 사고방식을 가지고 있는지 누구보다 나는 잘 알고 있다. 똑같은 경험을 해도 어떻게 생각하느냐에 따라 긍정 또는 부정의 경험을 한다.

긍정적인 사고방식은 자동적으로 유지되지 않는다. 인간의 뇌는 위험한 상황에서는 생존에 초점이 맞춰져 있다. '가스 불을 끄고 나왔나? 불안하네'와 같이 안 좋은 상황을 예상하고 부정적인 생각을 한다. 우리 뇌는 조금이라도 불안 요소가 있으면 위험으로 감지하고 곧바로 반응한다. 따라서 긍정적인 사고를 꾸준히 연습해야 한다. TV 오디션 프로그램에서 가수 이승철이 한 말처럼 "연습이 멘탈을 지배한다."

자주 부정적인 생각을 하던 사람이 갑자기 긍정적인 생각을 할 수는 없다. 처음에는 몸에 안 맞는 옷을 입은 것처럼 어색할 수 있다. 시작이 어려울 뿐 꾸준히 반복하여 연습하면 나처럼 '긍정 인생 연구소장'이 될 수 있다. 긍정적인 사고를 할 수 있는 방법은 무수히 많다. 그중에 내가 꾸준하게 연습하여 효과를 본 것들을 소개한다.

★ 의식적으로 미소 짓기: 잘 웃지 않는 사람은 입꼬리가 아래로 처져 있다. 의식적으로 입꼬리를 올리고 웃으면 행복 호르몬 엔도르핀이 분비된다. 억지로라도 "하하하" 소리 내어 웃자. 생각도 긍정적으로 바뀐다.

★ 자신에게 관대하기: 작은 실수조차 못마땅하게 여기면 부정적인 기운이 감돈다. '괜찮아. 그럴 수도 있어', '나는 잘 하고 있어'라고 자신에게 관대해야 긍정적인 기운을 불러온다.

★ 기분 좋았던 일 생각하기: 기분 나빴던 일보다 기분 좋았던 일을 더 많이 생각한다. 만나면 기분 좋은 사람, 기분 좋아지는 장소, 먹으면 기분 좋은 음식을 떠올리고 좋은 경험을 늘려 나간다.

★ 몸의 변화 인식하기: 심장이 빨리 뛰고, 가슴이 답답하고, 몸이 경직되면 기분 상태부터 점검한다. 신경이 예민해졌다면 우선 심호흡부터 한다.

★ 천천히 말하기: 대화하면서 기분이 나빠지거나 흥분할 것 같으면 말의

속도를 조금 천천히 한다. 그러면 말을 부드럽게 할 수 있다.

★ 말한 것을 녹음해서 듣고 노트에 적어보기: 스스로 긍정적인 다짐을 하고 자신을 칭찬하는 말을 녹음해서 반복하여 듣자. 이것을 노트에 적는 습관을 들이면 긍정적인 생각을 두 배로 할 수 있다.

★ 주의를 환기하기: 부정적인 감정이 들 때는 '잠깐!', '스톱!' 등 생각을 멈추는 단어를 외쳐보자. 그런 다음 기분 좋아지는 일로 관심을 돌린다.

IRON MIND 03 IRON WILL

'나는 할 수 있다'는 긍정 확언

긍정 확언의 대표적인 말은 "나는 할 수 있다(I can do it.)"이다. 이 말을 자주 하면 인생이 바뀐다고 알려 주어도 사람들은 믿지 않고 흘려듣는다. 확언을 반복적으로 하면 잠재의식에 각인된다. 특히 긍정 확언은 자기암시의 효과가 있고 원하는 목표를 반드시 이루게 해준다. 긍정 확언은 멘탈을 강하게 하는 필수 요소이다.

긍정 확언의 가장 큰 걸림돌은 자신을 믿지 않는 것이다. 믿지 않기에 구체적인 확언을 하지 않는다. 믿음이 없이는 아무것도 이룰 수 없다. 에밀 쿠에Emile Coué는 "나는 날마다 모든 면에서 점점 좋아지고 있다."라는 말을 입버릇처럼 하는 사람들이 어떻게 인생이 달라졌는지를 《자기암시》에서 입증했다.

나는 골프숍을 처음 운영할 때 출근길에 비가 오면 '오늘은 비가 와서 손님이 없겠네.'라고 생각했다. 비가 오든 눈이 오든 장사를 어떻게든 해보겠다는 마음 없이 자포자기했다. 장사가 안 될 때는 '요즘 경기가 안 좋아서'라며 핑곗거리를 만들었다. 이렇게 생각하니 진짜 그렇게 되었다. 비가 오는 날은 물론이고 화창한 날에도 손님이 없었다. 경기가 안 좋을 때뿐만 아니라 경기가 좋을 때도 매출이 늘어나지 않았다. 언제부턴가 "안 돼.", "못 해."라는 말을 입에 담지 않았다. 나 자신을 믿기 시작했다. '장사가 내 뜻대로 되냐?'고 생각할 수 있겠지만, 처음부터 안 된다고 생각하고 출근하는 사람과 자신을 믿고 출근하는 사람은 첫 손님에게 응대하는 것부터 다를 수밖에 없다. 나는 매일 출근하는 차 안에서 에밀 쿠에의 "나는 날마다 모든 면에서 점점 좋아지고 있다."는 말을 수도 없이 되뇐다.

잠재의식이란 무엇일까?

잠재의식은 무의식과 의식의 중간 과정이다. 어떤 '경험을 한 후' 그 경험과 관련된 사물, 사건, 사람, 동기 따위와 같은 것을 일시적으로 '의식하지 못하고 있으나 그것이 필요하면 다시 의식할 수 있는 상태'에 이른다.

사전적 의미에서 눈여겨볼 것이 두 가지 있다.

❶ '경험을 한 후'이다. 실제로 경험해보지 않아도 상관없다. 구체적인 확언을 반복하면 경험을 대신할 수 있다. 잠재의식은 확언을 통한 경험인지, 실제로 겪은 경험인지를 구분하지 못한다. 구체적인 확언을 반복해서 말하면 실제로 겪은 것처럼 잠재의식에 각인된다. 우리가 원하는 것은 경험해보지 못한 것일 수도 있다. 미래에 해보고 싶은 경험을 구체적인 확언으로 잠재의식에 각인할 수 있다. 미래에 해보고 싶은 경험은 다른 말로 인생의 목표라고 할 수 있다.

❷ '의식하지 못하고 있으나 그것이 필요하면 다시 의식할 수 있는 상태'다. 경험과 관련된 사물, 사건, 사람, 동기 같은 것을 필요할 때 다시 의식할 수 있다. 인생의 목표를 세웠다면 잠재의식에 각인된 것을 필요할 때 다시 의식하게 된다. 이것은 '목표를 잠재의식에 각인하면 나중에 실현되게 해준다.'라고 바꿔 말할 수 있다.

멘탈의 연금술

자신을 믿고 긍정 확언을 반복하면 잠재의식에 각인된 목표가 이루어진다. 원하는 것을 구체적으로 반복해서 말해야 하는 이유다. 무언가 이루려고 하면 항상 긍정적으로 생각하고 구체적으로 말해야 한다.

의심 없이 자기암시를 한다

원하는 것을 이루려면 '과연 내가 할 수 있을까?' 하는 의심이 없어야 한다. 부정적인 생각이 들어올 여지를 주어서는 안 된다.

★ 나는 원하는 목표를 반드시 이룬다는 것을 알고 있다.

★ 나는 목표가 이미 이루어졌다고 믿고 행동한다.

★ 나의 성공은 이미 정해졌다.

이렇듯 목표 달성과 성공을 기정사실로 받아들이고 행동해야 한다. 이것은 긍정적인 '의도'에서 시작한다. '의도'는 목표 달성을 위해서 특정의 행동을 실행하려고 하는 결의다. 행동을 실행하려고 하는 결의가 있어야 한다. 긍정적인 의도가 있다면 목표가 이루어진다는 것을 믿고 긍정적으로 생각하고 행동할 수 있다.

의심이나 부정적인 생각이 끼어들면 원하는 것을 절대로 이룰 수 없다.

★ 목표를 꼭 이루고 싶은데 잘 될까?

★ 혹시 목표를 이루지 못하면 어쩌지?

★ 엄청 중요한 일인데 과연 내가 해낼 수 있을까?

이런 의심을 하는 이유는 확신이 없기 때문이다. 이미 생각의 한구석에서 실패를 예견하고 있다. 이것은 좋은 의도가 없는 '욕망'에서 출발한 탓이다. 욕망은 충족될 수 없는 사회적 구성물이다. 스스로 '충족될 수

긍정 확언

— 나는 할 수 있다.

— 나는 탁월한 능력이 있다.

— 나는 모든 일이 잘 풀리고 있다.

— 나는 날마다 성장하고 있다.

— 내가 원하는 것을 다 이룬다.

없는' 것을 이루려고 하니 실패할 수도 있다는 부정적인 생각과 함께 '과연 성공할 수 있을까?' 하는 의심이 생길 수밖에 없다.

멘탈의 연금술

> 원하는 것을 이루려면 '이룰 수 없을지도 모른다'는 의심의 싹부터 잘라내야 한다. 충족될 수 없는 욕망을 품어서는 안 된다. 좋은 의도를 가지고 자신을 온전히 믿고 적극적으로 실행하려는 결의가 필요하다. 그래야 긍정적인 생각을 하고 긍정 확언을 할 수 있다. 머릿속에 의심이 가득한데 긍정적으로 말한다고 이루어지지는 않는다. 생각과 말이 일치해야 한다.

자기암시는 일정한 관념을 반복함으로써 자기 자신에게 암시를 주는 일이다. 마치 자신에게 최면을 거는 것과 같다. 악조건을 극복하고 경기에서 이긴 스포츠 선수들의 자기암시 사례는 수없이 많다.

2016년 브라질 리우 올림픽 펜싱 결승에서 박상영 선수는 2라운드가 끝났을 때 9대 13으로 헝가리의 게자 임레 선수에게 지고 있었다. 3라운드 전 휴식 시간에 박상영 선수는 고개를 연신 끄덕이며 "할 수 있다"는 말을 반복했다. 그리고 기적 같은 일이 일어났다. 3라운드에서 15대 14로 이기는 대역전극이 벌어졌다.

긍정 확언으로 자기암시를 하면 원하는 것을 얻을 수 있다. 이 경험으로 강한 멘탈의 소유자가 된다.

긍정 확언하는 효과적인 방법

자기암시를 할 때는 긍정 확언을 하는 효과적인 방법이 있다.

❶ 짧고 구체적으로 한다.

❷ 받아들이기 쉽고 이해하기 쉬워야 한다.

❸ 미래시제가 아니라 현재형이나 완료형으로 해야 한다.

자기암시를 할 때 중요한 것은 '~할 것이다'처럼 미래시제로 말하면 안 되고 현재형이나 완료형으로 말해야 한다는 것이다.

"일이 잘 풀릴 것이다."(미래시제)

— "일이 잘 풀리고 있다."(현재형)

미래시제로 말하면 확언이 결코 현재가 되지 않는다. 계속 미래에 남아 있게 된다. 그냥 잘 풀리기를 희망하는 것이지 일이 잘 풀리는 것이 아니다.

"나는 행복한 사람이 될 것이다."(미래시제)

—"나는 행복한 사람이다."(완료형)

완료형으로 말해야 하는 이유는 '무엇이 될 것이다'라고 하면 '아직 되지 않았다'는 부정적 정보를 뇌가 인식하기 때문이다. 뇌는 '아직 행복하지 않다'에 초점을 맞춘다. 의도하지 않았더라도 자기암시를 할 때 부정적인 것은 절대 금물이다. 무엇인가 하고자 하는 것은 현재형으로 확언해야 한다. 또 이미 된 것처럼 완료형으로 확언해야 한다. 이렇게 확언해야 효과적인 자기암시가 된다.

어떻게 긍정 확언으로 자기암시를 해야 할지 막연할 수도 있다. 자기암시 예문을 몇 가지 살펴보자.

상 황	자기암시 예문
대인관계	나는 타인과 만나는 게 좋다. 나는 누구와도 정답게 말한다. 나는 상대의 기분을 잘 이해한다. 나는 타인과 협력하는 게 좋다.
자기개발	나는 매력 있는 사람이다. 나는 나의 단점보다 장점을 본다. 나는 신뢰받는 사람이다. 나는 약속을 반드시 지킨다.
업무	나는 일할 때 의욕이 솟아난다. 나는 일이 즐겁다. 나는 계획적으로 일한다. 나는 판단이 빠르고 정확하다.
신념, 자신감	나는 반드시 목적을 성취한다. 나는 탁월한 능력이 있다. 나는 자신감이 있다. 나는 용기가 있다.

긍정 확언을 반복하면 잠재의식에 각인된다. 자신의 가능성을 믿고 반복적으로 긍정 확언을 해야 한다. 잠재의식에 각인된 확언의 내용, 즉 목표는 반드시 이루어진다.

MIRACLE MENTAL

★ 긍정 확언을 하여 잠재의식에 각인시켜 보자. 우리의 뇌에서는 놀라운 잠재의식이 작용한다.

★ 잠재의식은 암시를 잘 받는다.

★ 잠재의식에 각인된 것은 반드시 실현된다.

★ 의식과 잠재의식이 겨룰 때 이기는 쪽은 언제나 잠재의식이다.

★ 의식과 무의식이 일치하면 상승하는 힘이 발휘된다.

★ 잠재의식은 훈련할 수 있다.

★ 잠재의식은 단순하고 구체적일수록 암시를 잘 받는다.

★ 잠재의식은 잠들지 않는다. 의식은 잠들어도 잠재의식은 항상 활동하고 있다.

★ 자신을 믿고 긍정 확언을 반복하면 멘탈이 강해진다.

IRON MIND 04 IRON WILL

두려움을 편하게 생각하고 표현한다

두려움은 인간이 느끼는 하나의 감정이다. 우리는 두려움을 감정의 일부분이라고 생각하지 않고 회피하려고만 한다. 건강하고 긍정적인 방식으로 두려움을 대하는 방법을 배운 적이 없기 때문이다.

두려움은 부정적인 감정이 아니라 지극히 정상적인 감정이다. 두려움을 인정하고 받아들여야 두려움을 극복할 수 있다. 자꾸 회피하다 보면 두려움을 절대 이겨낼 수 없다.

아이들은 감정에 솔직하다. 귀신 나오는 이야기를 들으면 "불안해요" 하지 않고 있는 그대로 "무서워요"라고 한다. 친구들이 캠핑 다녀온 이야기를 들으면 "우울해요" 하지 않고 "부럽다"고 한다. 그런데 어른들은 감정을 느끼고 표현하는데도 수많은 생각을 한다. '내가 지금 무서워해도 되나?', '왜 불안하지?', '부러워하면 지는 건데.' 우리는 생각이 너무 많아서 감정을 편하게 표현하지 못한다. 두려움도 마찬가지다. 두려우면 그 감정을 알아차리고 '지금 나는 두려워요'라고 편하게 감정을 표현하면 된다.

★ 부정적인 감정일 때 상황 탓, 남 탓을 한다.

★ 불안하고 초조하고 화가 나게 만든 원인 제공자를 탓한다.

이렇게 하는 이유는 자신의 부정적인 감정을 회피하고 싶기 때문이다. 상황 탓, 남 탓을 하며 짜증 내고 화낸다고 부정적인 감정의 근본적인 원인이 사라지는 것은 아니다. 왜 불안하고 초조한지, 왜 화가 나는지 알아차려야 한다. 자존심 때문에 불안과 초조, 분노를 제대로 표현하지 못할 때도 있다. 자존심에 얽매일수록 부정적인 감정은 걷잡을 수 없을 만큼 커진다.

두려움을 극복하면 반드시 성장한다

어떤 일을 할 때 두려움을 느끼면 그것을 있는 그대로 받아들이고 표현해야 그 두려움의 실체가 뭔지 알게 된다. 그냥 두려움이란 감정이 드는 것은 아니다. 왜 두려운지를 알아야 그것을 극복할 수 있고 그 후에는 같은 일로 두려워하지 않게 된다. 이렇게 여러 가지 두려움을 이겨나갈 수 있다. 어떤 감정이든 왜 그런지 원인을 찾다 보면 답이 나온다.

멘탈의 연금술

사소한 일에 왠지 모를 짜증이 난다면 그 원인을 찾아본다. 그냥 짜증 나는 것은 아니다. 귀찮다는 핑계를 대며 그 원인을 찾는 것을 미룰수록 부정적인 감정에서 헤어나올 수 없다. 두려움이든 짜증이든 모든 감정은 스스로 인정하고 편하게 받아들여야 극복할 수 있다.

영업 초기에 고객에게 전화하는 것이 불편했다. 전화할 때마다 약간 짜증이 나기도 했다. 직접 만나서 상담하지 못하면 전화 통화로 고객관리를 해야 하는데 귀찮아했다. 고객관리를 잘 못 하니 애써 받아온 계약이 해지되기도 했다. 왜 고객에게 전화하는 게 싫은지 곰곰이 생각해봤다. 귀찮은 게 아니라 두려움 때문이었다. 친하지 않은 낯선 사람과 통화하는 부담감이 커지자 두려움이 되었다. 그것이 고객에게 전화할 때마다 짜증을 불러일으키고 귀찮게 여긴 이유였다. 두려움의 정체를 알고 나니 회피하지 않고 극복할 방법을 찾기 시작했다. 아침에 출근하면 전화할 고객 명단과 통화할 내용을 꼼꼼하게 수첩에 적었다. 생각을 글로 적으니 고객에게 어색함을 느끼지 않았다. 두려움을 이겨내고 고객과 편하게 전화할 수 있었다. 그때부터 계약 유지가 잘 되었다.

두려움을 회피하지 마라

두려움에 맞서는 사람은 회피하는 사람보다 더 성장한다. 두려움 때문에 도전하지 않으면 두려움에 갇혀 성장을 기대할 수 없다. 새로운 도전을 할 때 언제나 동반하는 것이 나쁜 결과에 대한 두려움이다. 두려움에 맞서 도전했는데 결과가 나빴더라도 값진 경험을 했다고 받아들이면 된다.

최고의 야구선수도 타율이 3할대다. 열 번 타석에 들어서서 세 번 진루한다. 일곱 번 진루하지 못했다고 두려워하면 최고 선수가 될 수 없다. 두려움을 편하게 생각해야만 새로운 일에 도전하거나 변화에 적응할 수 있다.

가수 보아는 아시아의 별이 되기 전에 무대공포증이 있었다고 고백한 적이 있다.

"일본 쇼케이스를 엄청 망쳤다. 춤도 잘 추고 노래도 잘하고 싶었는데 숨이 너무 차고 준비가 안 됐었다. 무대가 무서웠다. 매번 무대에 오를 때마다 수명이 줄어드는 기분이었다."

13세에 데뷔해 힘들다는 말도 못 하고 무대에 오를 때마다 얼마나 두려웠을까? 보아는 회사에 2주 휴가를 달라고 이야기하고 트레이닝을 받으면서 연습실에서 땀 흘리며 두려움을 극복했다고 한다.

두려움이란 불안, 초조, 공포 등 알 수 없는 막연한 감정이다. 이런 두려움을 걷어 낼 때 최고의 경험을 할 수 있다. 두려움에 맞서는 순간 두려움은 사라진다. 두려워했던 것을 극복하면 벅차오르는 기쁨을 만끽하고 짜릿한 성취감도 느낄 수 있다. 한번 두려움을 극복하고 나면 새로운 일에 도전할 때도 두려움이 없다. 최고의 것은 항상 두려움 뒤에 있다는 것을 기억하고 도전하게 된다.

두려움이 엄습할 때는 흔히 '좀 더 자신감이 생기면 해야지.'라고 생각하기 쉽다. 그러나 두려움을 극복하고 자신감을 키우는 방법은 일단 시작해보는 것이다. 이렇게 시작만 해도 두려움은 작아진다. 자신감이 더 생겨야 할 수 있을 것 같은 일들이 일단 도전하면 별것 아니란 것을 깨닫는다.

영화배우 윌 스미스는 스카이다이빙을 할 때의 두려움을 극복했다. 그는 한 인터뷰에서 이렇게 말했다.

"신은 인생에서 최고의 것을 언제나 두려움 뒤에 숨겨 놓습니다. 가장 두려운 순간은 가장 최고의 순간이기도 합니다."

윌 스미스는 매일 두려움과 맞서는 것이 삶의 중요한 루틴이 되었다고 한다. 두려워하는 것을 막상 겪고 나면 전혀 두려워할 필요가 없었음을 깨닫는다. 괜한 두려움은 우리의 소중한 날을 망칠 뿐이다.

MIRACLE MENTAL

★ 두려움은 우리가 느끼는 단순한 감정의 하나이다.

★ 두려움을 무서워하고 회피하려고 하면 벗어나지 못한다.

★ 두려움을 회피하지 말고 당당히 받아들여야 한다.

★ 크고 작은 두려움의 근본적인 원인을 찾아내야 한다.

★ 두려움을 받아들이고 맞서 이겨내면 조금 더 성장할 수 있다.

★ 두렵더라도 일단 시작하면 두려움을 극복할 수 있다.

★ 가장 두려운 것을 이겨내면 가장 최고의 순간을 맞이한다.

IRON MIND 05 IRON WILL

원하는 것을 이루고 달성하는 모습을 시각화한다

이루고 싶은 목표가 생기면 의욕과 열정도 생긴다. 또 한편으로는 정신적 압박감도 함께 느낀다. 의욕과 열정을 계속 유지해야 압박감을 이겨낼 수 있다. 이때 중요한 것은 계획에 맞춰 목표를 이루는 과정을 상상하는 것이다. 목표를 이룬 모습을 긍정적으로 상상해야 한다. 절대로 '목표를 이룰 수 있을까?' 의심해서는 안 된다. 상상하면서 시각화하면 압박감이 의욕과 열정을 누르지 못한다. 멘탈이 강해져 압박감을 지배하게 된다. 목표를 이루고 달성하는 모습을 시각화하면 강한 멘탈을 가질 수 있다.

나는 우연히 골프가방을 만드는 사장님과 상담하면서 가방의 공장도

가격을 알게 되었다. '이걸 만들어서 팔면 부자가 되겠구나.'라고 막연하게 생각했다. 수량이 많을수록 가격이 더 싸다는 유혹에 넘어가서 무리하게 주문을 했다. 어디에 팔 건지, 어떻게 팔 건지 아무 계획이 없었다. 돈을 벌 욕심과 의욕만 앞섰다.

차를 몰고 몇 군데 거래처를 방문했다. 영업하다 보니 거절은 흔한 일이었다. '오늘은 영업이 안 되네.' 하며 친구를 불러내 초저녁부터 술을 마셨다. 골프가방은 팔리지 않았다. 일을 안 하니만 못했다. 가방을 만든 대금을 결제해야 하는데 수중에 돈이 없었다. 여기저기 대출을 받았다. 그러고도 돈이 모자라 또 대출을 받았다. 금융기관에서 나의 신용은 바닥이 되었다. 가방은 팔리지 않고 창고에 재고가 고스란히 쌓여 있었다. 멘탈은 무너져 갔다.

골프가방 만든 것을 엄청 후회했다. 다시는 만들지 않겠다는 생각만 가득했다. 공장 사장님을 원망하고 그 공장을 소개해준 친구도 원망했다. 한창 꿈꾸고 도전해야 할 30대에 온갖 부정적인 생각만으로 하루하루를 보냈다.

책을 읽고 심리학 공부를 하며 멘탈이 조금씩 단단해졌다. 그 무렵 나는 다시 가방 공장에 주문서를 보냈다. 이번에는 디자인 협의를 하고, 적당한 수량을 주문하는 과정을 시뮬레이션(시각화)했다. 누구에게 어떻게 팔 것인지, 얼마에 팔 것인지, 온라인 가격은 얼마로 정할 건지 구체적으로 상상했다. 거래처 리스트를 쭉 적고 어떤 방식으로 어필할지 가방의 장점도 적어 보았다. 욕심을 버리고 적당한 이윤을 남기면 가방이 다 팔려 나갈 것임을 의심하지 않았다. 하루하루 목표를 달성해 나가면서 멘탈도 강해졌다.

무엇이든 이룰 수 있는 자격이 있다

자기 자신에게 믿음이 있어도 수많은 좌절과 실패가 부정적인 신념을 갖게 한다. 부정적인 신념은 자신의 한계를 느끼게 한다. 그 한계를 인식하는 순간 머릿속으로 상상하는 것조차 차단해버린다. 우리는 상상하면서 하고 싶은 것, 이루고 싶은 것에 마음껏 도달할 수 있다. 이렇게 무엇이든지 할 수 있고 이룰 수 있는 자격이 있음을 스스로 믿어야 한다.

★ 스스로 한계를 정하고 있는가?

★ 생각의 감옥에 갇혀 있는가?

★ 사회적 통념에 따르고 있는가?

★ 해보지도 않고 자포자기하고 있는가?

해보지도 않고 스스로 '난 안 돼', '그게 되겠어?' 하며 자포자기하고 있다면 당연히 되는 일이 없다. 도무지 할 수 있는 일이 아무것도 없다. 반드시 이루고 싶은 목표가 있다면 일단 '할 수 있을까?', '될 수 있을까?'라는 생각부터 버려야 한다. 뭔가를 해야 하거나 무언가 되고 싶을 때 내가 그것을 이룰 수 있고 가질 수 있다고 마음먹어야 한다. 그 결정이 바로 목표가 된다.

목표를 이루려면 당연히 나에게 이룰 수 있는 자격을 줘야 한다. 스스로 목표를 이루고 가질 수 있는 자격을 부여해야 한다. 이런 자격이 나에게 있음을 알아차리면 목표를 이루는 것이 당연하다고 여기게 된다. 당연한 것이라고 생각하면 목표를 이룬 모습을 상상하기가 훨씬 쉬워진다.

사회적 통념에 갇혀 '할 수 없을 것'처럼 느끼는 일도 마찬가지다. '할 수 없을 것' 같은 것이지 '할 수 없는 것'이 아니다. 뭐든 이룰 수 있다는 자격을 나에게 주면 된다. 이렇게 사회적 통념에 맞춰 나의 한계를 정하지 않고 스스로 자격을 주고 어떤 일이든 당연하게 이루는 모습을 상상해야 한다.

멘탈의 연금술

목표는 반드시 이루어진다는 믿음을 가져야 한다. 믿음이 생기면 의심이 사라진다. 의심하지 않으면 담대하게 생각의 폭을 넓혀 나갈 수 있다. 상상은 생각에서 비롯된다. 생각의 폭이 넓어지면 상상력도 커진다. 한 발 더 나아가 이미 목표가 이루어졌다고 상상한다. 상상력이 더 커져서 목표를 이룬 모습을 더 구체적으로 상상할 수 있다. 하고 싶었던 것, 되고 싶은 모습을 이룬 미래의 일을 상상하는 것만으로도 강한 멘탈을 가질 수 있다.

실행 과정을 구체적으로 상상한다

나는 이루고 싶은 목표가 생기면 반드시 계획을 세운다. 계획은 목표를 이루기 위한 과정 중의 하나이다. 목표를 이루기 위해서는 과정이 필요하다. 과정 없는 결과는 없다. 이때 우리는 목표를 이루어가는 과정을 상상해야 한다. 그래야 더 구체적으로 목표를 이루는 모습을 상상할 수 있다. 과정을 상상하면 현실적으로 할 수 있는 일이 명확해지고 지금 당장 얻어낼 수 있는 것이 확실해진다. 단계마다 수준을 더 높이면 목표가 자연스럽게 이뤄지는 것을 상상할 수 있다.

김상운의 《흔들리지 않는 공부 멘탈 만들기》에는 뉴욕 대학의 피터 골비처 교수와 독일의 심리학자 브란트 스타터 교수가 이미지 훈련의 중요성을 실험으로 확인한 내용이 나온다. 두 교수는 크리스마스 연휴 전에 독일 대학생들에게 과제를 냈다. 크리스마스이브를 어떻게 보냈는지 에세이를 써서 12월 26일까지 우편으로 보내달라고 했다.

학생들을 A, B 두 그룹으로 나눈 뒤 B 그룹 학생들만 따로 불러서 말했다.

"여러분은 언제, 어디서, 어떻게 에세이를 쓸 것인지 구체적으로 말해보세요."

학생들은 제각기 대답했다.

"저는 크리스마스에 아침 일찍 일어나 에세이를 쓰려고 합니다. 가족들이 일어나기 전에 아빠 책상에서 조용히, 아빠의 볼펜으로 쓸 거예요.”

“저는 가족과 아침 식사를 마치자마자 후다닥 해치울 거예요.”

두 그룹 중 어느 쪽이 목표를 더 많이 달성했는지 비교해봤다. A 그룹은 12월 26일까지 에세이를 쓰겠다는 목표만 정해놓은 학생들이고, B 그룹은 에세이를 쓰는 구체적인 실행 과정까지 그려본 학생들이었다.

	A 그룹	B 그룹	비교
에세이 완성에 걸린 시간	평균 7.7일	평균 2.3일	5.4일
에세이를 제출하는데 걸린 시간	평균 12.6일	평균 4.9일	7.7일
최종목표를 달성한 비율	32%만 에세이 제출	75%가 에세이 제출	43%

A와 B 그룹은 왜 이런 차이를 보였을까? 두 교수는 이렇게 대답했다.

“크리스마스에 아침 일찍, 아빠의 방에서, 아빠의 볼펜으로 에세이를 쓰겠다며 실행 과정을 구체적으로 그리면 이미지도 그만큼 생생해집니다. 하지만 과정이 막연하면 목표를 달성하려는 이미지가 생생하게 그려지지 않습니다.”

이 연구 사례는 과정을 구체적으로 상상하는 것이 목표를 달성하는 데 얼마나 중요한지를 알려준다. 간단한 과제를 하는데도 과정을 구체적으로 생각한 B 그룹의 결과가 월등히 좋았다. 목표를 이루고자 할 때 과정을 구체적으로 상상하는 것이 어색할 수도 있다. 이때 B 그룹의 학생들처럼 편안하게 자기 생각을 얘기하듯 상상하면 된다. 과정이 막연하면 목표를 달성하려는 이미지가 생생하게 그려지지 않는다. 과정을 구체적으로 상상하면 시각화를 통해 목표가 현실처럼 생생해져 멘탈이 더 강해진다.

긍정적인 모습을 시각화하면 자존감이 높아진다

자신이 가진 결점이나 부정적인 측면을 상상하지 말고 긍정적인 모습만 상상해야 한다. 자신의 긍정적인 모습을 인정해야 남들도 나를 인정한다. 부정적인 이미지는 목표를 이루는데 전혀 도움이 안 된다. 부정적인 이미지는 관심조차 두지 말고 보지 않는 단계로 나아가야 한다. 부정적인 모습에는 관심을 끊고 긍정적인 이미지만 상상해야 한다. 긍정적인 모습만 상상해도 자존감이 높아진다.

다이어트를 목표로 정했다면 원하는 몸매, 허리 사이즈, 몸무게를 구체적으로 상상한다.

★ 어떤 운동을 어떻게 할지 구체적으로 상상한다.

★ 어떤 음식을 먹을지 구체적으로 상상한다.

★ 어떤 옷을 입을지 구체적으로 상상한다.

★ 날씬해진 몸으로 무엇을 할지 구체적으로 상상한다.

★ 내가 원하는 몸매가 되면 기분이 어떨지 구체적으로 느껴본다.

★ 원하는 몸을 만들어 거울을 보는 자신을 구체적으로 상상한다.

시각화는 오로지 내 이미지만으로 상상해야 한다. 다른 사람의 모습과 행동을 똑같이 따라 한 이미지는 내 것이 아니다. 시각화할 때는 남이 끼어들어서는 안 된다. 내 이미지는 내가 만들어야 한다. 그래야 오직 나만의 상상으로 이루어낸 결과를 얻을 수 있다.

이때 옆에서 누군가 도와주는 것을 상상하는 건 괜찮다. 누군가 도와주는 것을 상상할 때도 구체적으로 한다. 그 사람이 정확히 누군지, 어떻게 도와줄 건지도 구체적으로 상상한다. 상상은 내가 주도해야 행동하기가 쉽다.

멘탈의 연금술

내가 주인공인 영화 시나리오를 상상하면 시각화의 효과는 더 커진다. 내가 원하는 주인공의 모습을 상상한다. 내가 원하는 결과를 이루어내는 모습을 시나리오로 만든다. 이때 나를 도와주는 사람은 조연이다. 내가 만드는 영화는 내가 상상하고 꿈꾸던 목표를 이루는 과정을 담아낸다. 목표를 이루고 기쁨과 행복을 느끼는 감정까지 상상할 수 있다. 이렇듯 긍정적이고 구체적인 영화 시나리오를 상상한다.

★ 목표를 이루는 모습을 상상만 해도 자신감이 올라간다.

★ 목표를 이루는 과정을 구체적으로 상상하면 더 쉽게 이룰 수 있다.

★ 자신의 결점이나 부정적인 것은 내려놓는다.

★ 부정적인 시각으로 자기 능력의 한계를 긋지 않는다.

★ 부정적으로 자신을 보면 목표를 이루는 모습을 상상할 수 없다.

★ 목표를 이룰 수 있는 자격을 스스로 믿으면 의심이 사라진다.

★ 부정적인 의심이 사라지면 긍정적인 모습만 상상할 수 있다.

★ 원하는 모습으로 목표를 이루는 상상을 하면 기쁨과 희열을 느낄 수 있다.

★ 목표 달성을 시각화하면 막연함이 사라져 멘탈이 강해진다.

IRON MIND 06 IRON WILL

스스로 질문과 평가를 하면 멘탈이 강해진다

'내가 지금 잘하고 있나?'

'지금 뭐가 잘못된 건가?'

나를 객관적으로 들여다보기 위해서는 스스로 질문해야 한다. 질문하다 보면 불편한 감정이 생길 수도 있다. 하지만 감정에 치우치면 있는 그대로의 나를 객관적으로 볼 수 없다. 꼭 했어야 하는 일인데 하지 않고 지나간 일이 있다면 '왜 안 하고 넘어갔지?'라고 질문하고 반드시 확인해야 한다. 그래야 자신에 대한 평가를 똑바로 할 수 있다.

사소한 실수도 인정하기는 싫겠지만 바로잡고 넘어가야 한다. 이미 지나간 일이라고 외면하거나 피하지 않고 있는 그대로의 나와 마주해야 한다. 나를 객관적으로 평가해야 일이 잘 풀릴 때 '역시 나는 뭘 해도 되는구나.'라며 자만심에 빠지지 않고, 상황이 안 좋을 때 '내가 하는 일이 다 그렇지 뭐.'라며 자책하는 일을 줄일 수 있다. 사소한 일도 사소하게 넘기지 않고 객관적으로 평가해야 한다.

멘탈의 연금술

> '왜'라는 질문을 하는 데 게을러서는 안 된다. 계속 똑같은 잘못이 반복된다면 왜 그런지 스스로 질문해야 한다. 나를 똑바로 볼 수 없으면 내 현실도 똑바로 볼 수가 없다. 뭐가 잘못된 건지 알아야 멘탈이 흔들리지 않는다.

나는 기업 컨설팅을 하면서 고액 계약을 할 때가 많다. 필요한 컨설팅을 받고 이해했다며 계약한 고객이 시간이 조금 지나서 보험료를 너무 많이 내는 것 같다며 해약 의사를 밝힐 때가 있다. 이런 경우에는 나에게도 타격이 있어서 고객을 설득했지만 결정을 바꾸지 않았다. 뭔가 잘못되고 있음을 감지했지만 몇 번을 외면하고 지나갔다. 고객이 계약을 해지할 때마다 멘탈이 흔들렸다. '내가 뭘 잘못하고 있는 걸까?' 답을 찾아야만 했다. 스스로 질문하면서 솔루션이 끝난 고객관리가 소홀했다는 걸 알았다. 내가 회피하고 있었던 것은 '소홀한 고객관리'였다. 솔루션이 끝난 고객이라도 계속 관리해야 한다는 걸 알면서도 하지 않았다. 바쁘고 귀찮다는 건 핑계였다. 불편해서 회피했던 것이 계약 해지라는 부메랑이 되어 나에게 돌아왔다.

스스로 질문하면 그동안 회피하고 싶었던 것이 무엇인지 확실히 알 수 있다. 현실을 똑바로 보면 불편함이 사라지고 자신에게 떳떳해져 자신감이 생긴다.

감정을 이해하고 객관적으로 평가한다

우리는 하루에 오만 가지 생각을 한다. 감정은 생각이 좌우하기 때문에 하루에도 여러 번 바뀐다. 자신에 대한 평가도 감정에 따라 그때그때 달라진다. 기분이 좋을 때는 긍정적으로 평가하고 기분이 안 좋을 때는 부정적으로 평가한다. 감정은 수시로 바뀌기 때문에 평가에 앞서 내 감정부터 이해해야 한다. 감정을 이해하는 것도 질문에서 비롯된다.

★ 지금 나는 어떤 기분이지?

★ 왜 이런 기분이 들까?

왜 그런 기분인지, 그렇게 느끼는 이유를 스스로 질문한다. '오늘 유난히 기분이 좋은 이유가 뭐지?'라고 질문하면 긍정적인 감정에 대한 답을 쉽게 찾을 수 있다.

★ 남의 일을 도와줬더니 기분이 좋네.

★ 어제 일을 다 끝내서 마음이 편하군.

이처럼 오늘 왜 기분이 좋은지 구체적인 답을 찾을 수 있다. 이렇게 답을 찾으면 기분이 좋아지는 방법도 늘려 갈 수 있다. 그리고 스스로 긍정적인 감정이 왜 생기는지도 이해하게 된다.

멘탈의 연금술

> 부정적인 감정이 꼬리에 꼬리를 물 때는 불편한 것을 회피하고 싶다. 이때 부정적인 감정이 왜 생겼는지 정확히 알아야 한다. 부정적인 감정도 내 감정이고, 그런 감정이 생기는 이유도 대부분 나로 인해 생긴다는 것부터 인정해야 한다. 내 탓만 하라는 것은 아니다. 내 안에서 답을 찾게 되면 왜 부정적인 감정이 드는지 이해할 수 있다.

부정적인 감정이 들 때 '왜 이렇게 아무것도 하기 싫지?', '왜 이렇게 화가 나지?'와 같은 질문의 답은 대부분 인정하기 싫은 것들이다.

★ 피곤하고 두렵기도 해서 아무것도 하기 싫다.

★ 속 좁은 사람이라 화가 난다.

이렇게 구체적인 답을 찾아 자신을 돌아볼 수 있다.

나를 평가할 때는 기준이 있다

감정을 이해하고 객관적인 평가를 할 때 필요한 것이 기준이다. 나를 평가할 때도 기준이 있다. 이것은 개인의 가치관에 따라 달라진다. 가치관은 진심으로 내가 원하는 현실적인 가치다.

❶ 나를 평가할 때는 남과 비교하지 않는다.

비교는 감정에 영향을 주고 기준에도 큰 영향을 미친다. 나만의 가치관으로 현실에 맞는 기준을 정해야 한다.

❷ 거창한 기준을 정하지 않는다.

너무 높은 기준을 정하면 그 기준에 언제 도달할지 몰라서 평가할 수가 없다. 반대로 너무 낮은 기준을 정하면 안주하게 된다. '나는 이 정도만 하면 돼'라고 현실에 안주하기 시작하면 발전할 수 없다.

❸ 현실적인 기준을 정한다.

현실적인 기준을 정해야 무리 없는 평가를 할 수 있다. 나만의 가치관과 기준으로 자신을 평가하면 현실을 똑바로 볼 수 있다.

아들이 중학교 3학년 때의 일이다. 여러 직업을 가진 강사들이 학교에 와서 각자의 직업을 소개하는 시간이 있었다. 아들은 미용을 소개한 강사의 명함을 받아왔다. 그 강사의 학원에 등록하여 메이크업을 배웠다. 아들은 헤어디자이너 자격증 실기에서 한 번 떨어졌다. 실망도 잠시였다. "준비를 덜 해서 떨어진 것 같다."며 감정이 크게 동요되지 않았다. 스스로 객관적인 평가를 하면서 미흡한 점을 보완하고 다시 준비했다. 그 결과 헤어디자이너 자격증을 땄다.

아들은 자기만의 가치관이 확실했다. 즐기면서 하고 싶은 일을 했다. 자격증 시험 준비를 할 때 나이를 떠나 같이 시작한 사람들을 기준으로 삼았다. 비교적 어린 나이라는 것을 생각하지 않았다. 아들이 미용학원에 보내 달라고 했을 때 나는 잠시 고민했지만 아들은 미용을 배우면서 자기만의 가치관과 기준을 확실히 정하게 되었다.

우리는 스스로 질문하면서 많은 것을 깨닫는다. 질문이 마음을 불편하게도 하고 감정을 흔들기도 한다. 그러나 자신에 대한 질문을 불편하게 느끼지 않아야 현실을 똑바로 볼 수 있다. 자신을 평가할 때는 왜 그런 감정을 느끼는지 이해해야 객관적일 수 있고 진정 자신이 원하는 가치관도 바로 세울 수 있다.

MIRACLE MENTAL

★ '왜'라는 질문을 하는 데 게을러서는 안 된다.

★ 지나간 일이라도 외면하거나 피하지 않고 객관적인 평가를 해야 자신을 있는 그대로 볼 수 있다.

★ 긍정적이든 부정적이든 자신의 감정을 똑바로 알아야 한다.

★ 부정적인 감정이 왜 생겼는지 이유를 정확히 알고 넘어가야 한다.

★ 자신의 감정을 이해하면 더 객관적으로 평가할 수 있고 감정 때문에 잘못 평가하는 일이 줄어든다.

★ 객관적인 평가를 위해 현실적인 기준이 필요하다. 자신의 가치관과 현실적인 기준으로 스스로 평가해야 한다.

★ 객관적으로 자신의 현실을 볼 수 있어야 멘탈이 강해진다.

IRON MIND 07 IRON WILL

나에게 맞는 허들 높이에 맞춘다

인간은 타인과 더불어 사는 사회적인 동물이다. 타인을 의식하지 않으면서 살 수는 없다. 우리 주변에는 잘나가는 사람들이 많다. 다들 주식이나 부동산으로 큰돈을 벌고, 강남에 집 한 채 있고, 고급 승용차를 타고 다니는 것 같다. 자신의 처지와 비교하며 부러움을 금치 못한다. 그러면서 '남들보다 잘 살지는 못 하지만 적어도 비슷하게는 살고 싶다'고 생각한다. 타인을 의식하며 뛰어넘고 싶은 허들 높이를 올린다.

그러나 간과해서는 안 되는 것들이 있다. 성공한 사람들의 이면에는 피땀 흘린 노력이 있었고, 주식이든 부동산이든 투자 공부를 꾸준히 하고, 마른 수건도 다시 짜는 절제의 과정이 있었다는 사실이다. 겉으로 보이는 결과만 보고 허들 높이를 맞춰서는 안 된다.

물론 긍정적인 목표를 세우는 것은 바람직하다. 다만 비교 프레임으로 남을 의식한 목표는 주체적이지 못해 달성하기가 어렵다. 자기 삶의 기준 없이 남을 의식하고 따라 하는 식이어서는 곤란하다.

허들은 삶의 기준이다. 이 기준을 남을 의식하여 무리해서 높이 올리면 계속 걸려 넘어진다. 이런 과정이 반복되면 몸이 지친다. 특히 유리멘탈인 사람은 사소한 일에도 흔들리고 쿠크다스 과자처럼 부서지기 쉽다. 만만한 허들을 뛰어넘은 만족감과 성취감으로 조금 더 높은 허들을 정할 때 의욕이 생긴다. 남을 의식한 너무 높은 삶의 기준은 자칫 삶의 목표를 포기하게 만들 수도 있다.

멘탈의 연금술

남에게 맞춰 사느라 아등바등할 필요는 없다. 성공과 행복의 기준은 남이 아니라 자신이 정해야 한다. 허들은 노력하는 만큼 뛰어넘을 수 있다. 처음에는 적당한 높이를 뛰어넘고 만족감과 성취감으로 더 높은 허들에 도전해야 한다.

남을 의식하지 않는 주체적인 삶

'차부심', '하차감'이라는 말이 있다. 차에서 내릴 때 사람들이 쳐다보는 시선을 의식해 고급 차를 타는 사람들이 쓰는 말이다. 누구나 좋은 차를 타고 싶어 한다. 하지만 적당한 삶의 기준을 정해야 한다. 매월 할

긍정 확언

— 나는 지금 행복하다.

— 나는 목표를 반드시 이룬다.

— 내 목표는 구체적이고 선명하다.

— 나는 가족을 사랑하고 축복한다.

— 나는 일하는 것이 기쁘고 감사하다.

부금을 내면서 허덕이면 멘탈도 탈탈 털린다.

남을 의식해 뛰어넘지도 못할 허들의 높이를 정하는 사람은 빚에 허덕일 수도 있다. 요즘에는 금융 시스템이 너무 잘 되어 있다. 신용카드만 있으면 자동차, 명품 가방을 할부로 살 수 있고, 해외여행도 갈 수 있다. 신용카드는 미래의 소득을 앞당겨서 소비하게 만든다. 여유가 없는 사람이 신용카드를 무분별하게 사용하면 빚더미에 앉는 건 시간문제다.

남을 의식하지 않는 적당한 허들은 삶에 무리를 주지 않는다. 이것은 현실에 안주하라는 말이 아니다. 허들은 넘기 위해 있는 것이다. 적당한 허들은 남을 의식하지 않는 삶의 기준이다. 남을 의식해 허들의 높이를 올리면 삶에 과부하가 걸려 몸과 마음이 지친다. 겉으로는 웃고 있지만 속이 썩어 들어간다. 삶이라는 경기를 계속 치러내려면 적당한 허들을 넘으면서 좋은 컨디션을 유지해야 한다. 적당한 허들을 뛰어넘으면 만족감이나 자존감이 높아진다. 일도 잘되고 성취감도 생겨 멘탈이 단단해진다.

타인의 시선을 너무 의식하면 나보다 남에게 더 신경 쓰게 된다. 나의 행복도 남들의 평가로 결정하기 쉽다. 특히 한국 사람들의 허례허식은 체면을 중요하게 여기는 관습 때문에 더 심하다. 요즘은 많이 개선되긴 했지만 결혼식, 돌잔치, 회갑연, 장례식 등에서 아직도 많이 볼 수 있다.

남을 의식하다 보면 내가 해야 할 것에 집중하지 못한다. 내가 해야 할 것은 따로 있는데 남을 의식하다가 정작 다른 것을 하기도 한다. 공부든 운동이든 일이든 내 기준에 맞게 해야 한다. 자신의 컨디션은 본인이 제일 잘 안다. 헬스장에 처음 갔다면 스트레칭부터 해야 한다. 남들을 의식해 무거운 덤벨을 처음부터 들어 올리면 근육이 다쳐 운동을 할 수 없다. 자기 몸 상태에 맞게 운동해야 무리 없이 멋진 근육을 만들 수 있다.

MIRACLE MENTAL

★ 남을 의식하지 않고 내 삶의 기준으로 인생의 허들 높이를 정한다.

★ 적당한 허들을 넘으면서 최상의 컨디션을 유지한다.

★ 현실에 최선을 다하면 허들의 높이는 저절로 올라간다.

★ 남과 비교하지 않고 온전히 나에게 집중한다.

★ 행복의 기준을 정하고 주체적인 삶을 산다.

★ 타인과 비교하지 않고 주체적인 삶의 기준을 세워야 멘탈이 흔들리지 않는다.

IRON MIND 08 IRON WILL

상대적 박탈감을 이기는 법

오랜만에 어릴 적 친구를 만났는데 나보다 잘사는 모습을 보면 질투가 난다. 괜히 배가 아프고 나는 뭐했나 싶기도 하다. 친구가 나한테 피해를 준 것도 없는데 뭔가 상실한 느낌이 든다. 가까운 관계일수록 비교하면서 상대적 박탈감을 느낀다.

1983년 데이브 머스테인은 4인조 헤비메탈 밴드 메가데스를 결성한다. 메가데스는 2,500만 장 이상의 앨범을 판매한 최고 밴드다. 그는 인터뷰에서 자신을 '패배자'라고 했다. 엄청난 음반을 판매한 밴드의 리더는 왜 자신을 패배자라고 했을까?

그는 1억 8,000만 장 이상의 음반을 판매한 전설의 밴드 메탈리카의

창립 멤버였다. 메탈리카가 정식 데뷔 직전에 약물을 복용한 문제로 밴드에서 일방적으로 해고당했다. 그는 복수를 결심하며 메가데스를 결성해 큰 성공을 거두었다. 하지만 언제나 비교 대상이 메탈리카였기 때문에 상대적 박탈감에 빠졌다. 질투와 시기심이 그를 항상 패배자로 여기게 했다.

선의의 경쟁이 아닌 삐뚤어진 경쟁은 자신에게 집중하지 못하고 진정으로 해야 할 일을 등한시하게 만든다. 하는 일이 잘되고 있어도 나보다 잘나가는 사람과 비교하면서 힘이 빠지고 멘탈도 약해진다.

멘탈이 약할 때 나는 남과 비교하며 살았다. 부와 명예, 권력을 가진 사람들을 부러워했고, 뭐 하나 내세울 것 없는 자신을 초라하게 여겼다. 열심히 살아도 남들처럼 떵떵대며 살지 못할 것 같아서 점점 의욕은 밑바닥으로 가라앉았다. 주변에서 누군가 잘되는 모습을 보면 꼬투리를 잡고 단점을 찾아내서 비아냥거리기 일쑤였다. 돈 잘 버는 솔로가 재력을 뽐내면 '돈을 잘 벌면 뭐 해. 결혼도 못 했잖아. 성격에 문제가 있을 거야.' 이런 식으로 깎아내렸다. 그렇게 스스로 위로했다. 이런 게 상대적 박탈감인 것도 모르고.

독서하고 심리학 공부를 하면서 멘탈이 강해지자 내가 가진 것에 감사하고 앞으로 내가 이루고 싶은 것에만 집중할 수 있었다. 그러다 보니 가까운 사람이 잘 되면 아낌없이 축하해주고 나도 더 열심히 살아야겠다고 다짐하게 되었다.

남과 비교하면서 자극을 받고 선의의 경쟁을 하는 사람들도 있다. 하지만 대부분은 경쟁자와 비교하면서 뭔가 뒤처진다는 생각이 들면 다른 것으로 이기고 싶은 마음이 생긴다. 비교 대상에게 뭐라도 이겨보겠다는 생각으로 하는 일은 몸과 마음을 지치게 한다. 쓸데없이 감정을 낭비하면 나만 손해다.

1962년 비틀스는 영국 리버풀의 무명밴드였다. 그중 키가 훤칠하고 잘생긴 드러머인 피트 베스트가 눈길을 끌었다. 그러나 그는 음반계약을 따내고 녹음 3일 전에 드럼 솜씨가 형편없다는 이유로 해고 통보를 받았다. 드러머 링고 스타가 그 자리를 대신했다. 자신보다 드럼 솜씨가 뛰어나지도 않은 링고 스타가 새 멤버가 된 것을 보고 화가 났다. 비틀스에서 쫓겨난 피트 베스트는 새로운 밴드를 결성했지만 아무도 알아주지 않았다. 비틀스가 전 세계에서 돌풍을 일으키는 것을 지켜보며 알코올 의존증에 빠지고 우울증을 겪었다. 급기야 자살을 시도했다. 그 후 어머니의 사랑과 믿음으로 평범한 공무원이 되었다. 시간이 흘러 1994년 인터뷰에서 그는 이렇게 말했다. "계속 비틀스의 멤버로 공연했다면 지금처럼 행복할 수 없었을 것이다."

피트 베스트는 비틀스에서 쫓겨났기에 지금의 아내를 만나 아이들을 낳고 행복할 수 있었다고 털어놓았다. 그는 세계적인 밴드의 화려함보다 사랑스러운 가족에게 더 행복을 느낀다고 했다. 만약 그가 비틀스의 부와 명성을 자신과 비교하며 질투하고 시기했다면 행복한 삶을 살 수 없었을 것이다.

멘탈의 연금술

상대적 박탈감은 비교에서 시작된다. 남이 뭔가 더 많이 가지고 있을 때 내가 무엇인가 잃은 느낌을 받는 것이다. 사실 아무것도 피해 본 것이 없고 잃은 것도 없다. 남의 떡이 더 커 보일 뿐이다. 누구의 떡이 큰지 비교할 필요가 있을까? 상대적 박탈감이 들 때 내가 가진 것에 감사해야 멘탈이 흔들리지 않는다. 내가 갖고 있고, 하고 있는 일에 감사해야 상대적 박탈감을 이겨낼 수 있다.

비교에서 시기와 질투가 생긴다

시기와 질투심이 많은 사람은 SNS를 하지 않는 편이 낫다. 2013년 독일의 베를린 홈볼트 대학과 다름슈타트 기술대학 공동연구팀에서 페이스북 이용자를 대상으로 설문조사를 했다. 페이스북 이용자들의 3분의 1은 질투심을 느낀다는 결과가 나왔다. 페친(페이스북 친구)의 휴가 사진을 볼 때 질투심을 가장 많이 느낀다고 했다. '화려하고 멋진 삶에 대한 글을 보고 질투한다'가 그 뒤를 이었다. 또 솔로들은 연애를 시작했다는 페친의 상태 변경에 질투한다고 했다.

페이스북 게시물에 '좋아요' 숫자가 많을수록 질투심을 부른다. 자신은 글을 쓰지 않고 보기만 하는 사람들의 질투가 더 심한 것 같다. 자신의 생활은 공개하기 싫지만 남의 좋은 모습을 볼 때는 은근히 배가 아프다. 페이스북을 하면서 질투를 느끼면 삶의 만족도는 더 떨어진다. 남이 잘사는 모습에 '좋아요' 버튼을 누르지 못하고 질투한다면 SNS를 하지 않는 것이 멘탈을 유지하는 데 도움이 된다.

나에게 부족한 것을 누군가 갖고 있으면 비교하게 된다. 이때 내 안의 불안은 그를 시기하게 만들고, 부족한 것에 대해 박탈감을 느끼게 한다. 내 안의 불안을 어떻게든 남 탓으로 돌리려고 한다. 비교는 남을 탓하고 내 불안을 없애려는 행위다. 비교해서 불안한 게 아니고 불안해서 비교하는 것이다. 비교하다 보면 나의 부족함에 더 집중하게 되고 더 불안해진다.

시기와 질투심이 생기면 그 대상을 험담하게 된다. 그럴수록 외면당하는 건 결국 나 자신이다. 남들에게 인기 있는 사람을 시기하고 질투하기 전에 먼저 인정할 줄 알아야 한다. 인정하면 내 마음이 편해진다.

누군가 인정받고 잘되면 질투하지 말고 리액션을 잘해주자. TV 예능 프로그램을 보면 리액션이 좋은 사람들은 여기저기에 나온다. 리액션을 잘해주면 마음도 편해진다. 남을 시기하거나 질투하지 말고 나의 장점과 내게 있는 것에 집중해야 한다. 이렇게 나를 돌아봐야 마음이 불편하지 않고 멘탈을 지킬 수 있다.

MIRACLE MENTAL

★ 남과 비교하지 않으면 온전히 나에게 집중할 수 있어 멘탈이 강해진다.

★ 하는 일이 잘될 때는 잘 되는 것에 집중해야 한다.

★ 자신에게 부족한 것이 있다면 편하게 인정하고 장점에 집중해야 멘탈이 편안해진다.

★ 없는 것에 집중해 괜한 피해의식을 갖게 되면 내 마음만 피곤하다.

★ 남들이 무언가 더 갖고 있다는 생각이 들면 상대적 박탈감을 느낀다.

★ 상대적 박탈감이 느껴질 때는 내가 가진 것에 감사하는 마음으로 만족도를 높여야 한다.

★ 남과 비교하면 자신보다 못한 사람을 볼 때는 자만심이 생긴다.

★ 남과 비교하면 자신보다 잘난 사람을 볼 때마다 시기하고 질투한다.

2장

일상에서 멘탈이 무기가 될 때

IRON MIND 09 IRON WILL

'반드시 해야 한다'는 강박관념에서 벗어나기

중요한 일을 하다 보면 중압감을 느끼거나 결과에 대한 집착이 생긴다. '반드시 해야만 한다.' '기필코 하지 않으면 안 된다.'는 생각이 강박관념을 갖게 한다. 지나친 강박관념은 마음을 위축시킨다. 부정적 강박관념은 일을 바라보는 시야를 좁게 만들어 일이 잘 안 풀리는 원인이 된다.

강박관념을 갖지 않으려면 생각을 유연하게 바꿔야 한다. '반드시 해야만 한다.'는 생각을 '~하면 좋다.'로 바꿔보자. 이렇게 하면 마음이 여유로워지고 편해져서 중압감이 줄어든다.

"그 물건은 반드시 제자리에 있어야 한다."

—"그 물건은 그 자리에 있으면 좋다."

강박관념은 인간관계에서 갈등을 불러오기도 한다. 작은 실수도 용납하지 않는 부모의 잘못된 강박관념 때문에 아이의 마음이 병들 수도 있다. 아이가 잘하는 일이 많은데도 실수하는 것에만 초점을 맞추면 아이는 해야 할 일을 실수하게 될까 봐 회피할 수도 있다.

★ 항상 1등을 해야 한다. → 꾸준히 공부하는 것이 좋다.

★ 절대로 군것질을 해서는 안 된다. → 몸에 좋은 음식을 먹는 것이 좋다.

★ 무조건 정리 정돈을 해야 한다. → 어질러놓은 것은 깨끗이 치우는 게 좋다.

'항상', '절대로', '무조건' 등의 말은 융통성을 허락하지 않는다. 항상 완벽해야 한다는 집착이 상대에게 상처를 준다.

"절대로 실수하면 안 된다."

—"실수하지 않는 것이 좋다."

항상 1등을 해야 하고 무조건 잘해야 한다는 집착에 빠지면 중압감이 생겨 마음이 위축된다. '~해야만 한다.'를 '~하면 좋다.'로 완곡하게 표현할 줄 알아야 삶이 여유롭고 즐거워진다.

긍정적 강박관념

강박관념은 마음속에서 떨쳐 버리지 못하는 억눌린 생각이다. 결과에 집착하고 마음을 짓누르는 중압감이 드는 것은 부정적 강박관념이다. "꼭 해야만 해."는 결과에 집착하는 부정적 강박관념의 대표적인 말이다. 강박관념이라고 다 나쁜 것만은 아니다. 강박관념에도 긍정적 강박관념이 있다. 긍정적 강박관념은 "최선을 다해야 해."라는 말처럼 과정에 대한 집념이다. 이것은 결과보다는 과정에 집중한다. 결과에 대한 중압감보다 자신의 가치 추구에 초점이 맞춰져 있다. 긍정적 강박관념은 자신의 가치와 삶을 동일시하고 멘탈을 더 단단하게 해준다.

가수 조용필은 인터뷰 중에 이런 말을 했다.

"평생 연습했기 때문에 안 하면 불안해요. 연습하고 또 연습합니다. 음악을 잘하고 싶었고 못해서 화가 났고 그래서 더 열심히 했죠. 그게 다예요. 내 인생은 40주년이든 50주년이든 어려운 건 똑같아요. 매번 다른 산에 오르는 것 같아요. 쉬운 적이 한 번도 없었어요. 내 노래에 사람들이 환호하면 행복하고요. 나는 그 순간을 위해 살았던 것 같아요."

가왕이라 불리는 조용필은 긍정적인 강박관념을 가지고 있다. 이것이 그의 가치와 삶을 더 빛나게 해준다.

긍정적 강박관념은 다른 사람과의 갈등이나 마찰이 일어나지 않는다. 자신만의 삶의 가치를 추구하고 뛰어난 실력을 만들기도 한다.

> 긍정적 강박관념은 결과보다 과정을 더 중요하게 여기는 생각이다. 이것은 자신의 가치, 열정, 신뢰 등 긍정적 사고방식에서 비롯된다. 긍정적 강박관념을 가진 사람은 자신에게는 엄격하지만 다른 사람에게는 관대하다. 자신만의 기준을 남에게 적용하지 않고 통제하지도 않는다.

강박관념의 긍정적인 면을 인정하더라도 꼭 짚고 넘어가야 하는 것이 있다. 아무리 좋은 것에도 또 다른 이면이 있다. 긍정적인 강박관념도 지나치면 독이 된다. 긍정적인 강박관념과 부정적인 강박관념의 차이를 자신이 판단할 줄 알아야 한다.

지나친 강박관념에서 벗어나려면

시간 약속에 지나치게 강박관념을 가진 사람들이 있다. 예상하지 못한 교통 정체나 사고로 약속에 늦을 수도 있다. 이때 '더 일찍 나왔어야 했는데'라고 생각하며 발을 동동 구르고 초조해한다. 반면 어떤 사람은 '이왕 늦은 거 편한 마음으로 길거리 풍경이나 보자' 하고 그 시간을 즐기기도 한다. 물론 약속을 지키는 것은 중요하다. 그러나 어쩔 수 없는 상황에서 초조해하며 마음 졸여 봤자 자신만 힘들다. 큰일이든 작은 일이든 강박관념이 있다면 유연하게 삶의 흐름에 맡기고 순리대로 산다는 생각을 해보자.

일이 순리대로 잘 풀리고 있을 때 강박관념이나 불안감이 생기기도 한다. '더 잘되어야 한다'는 강박관념, '앞으로도 잘 될까'라는 불안감에 휩싸인다. 잘 되고 있을 때 '더 잘해야 한다.'는 생각은 '앞으로도 잘 될까?'라는 걱정으로 변한다. 이런 강박관념이 불안한 마음으로 바뀌면 불안장애가 오기도 한다.

정형돈은 활발하게 활동하며 대중의 사랑을 받던 중 모든 프로그램에서 전면 하차한 적이 있다. 그는 예능 프로그램에서 이렇게 말했다.

"내 밑천이 드러나면 어쩌지. 내 능력 밖의 복을 탐하다 잘못되지 않을까. 이 성공이 계속되지 않을까 봐 불안했어요."

우리는 TV에서 종종 이런 말을 듣는다. 그냥 잘나가는 연예인들에게나 생기는 일이라고 생각할 수도 있다. 하지만 누구나 강박관념이 있다. 매사에 편하게 마음먹는 것이 중요하다.

"항상 잘해야 한다."

—"잘하면 좋다."

"무조건 잘되어야 한다."

—"잘되면 좋다."

누구나 잘하고 싶은 욕구가 있다. 누구나 잘되고 싶어 한다. 하지만 이것이 지나친 강박관념이 되면 자신을 괴롭히고 불안장애를 겪기도 한다. 흐르는 강물처럼 순리대로 사는 것이 좋다. 이것이 최강 멘탈을 가진 사람들의 특징이다.

★ 긍정적 강박관념은 결과보다는 과정에 대한 집념이다.

★ 긍정적 강박관념으로 자신의 가치를 높일 수 있다.

★ 긍정적 강박관념은 하는 일에 최선을 다하여 집중하게 한다.

★ 긍정적 강박관념이라도 지나치면 독이 된다.

★ 좋은 결과를 내야 한다는 중압감 때문에 부정적 강박관념이 생기면 오히려 시야가 좁아져 일의 능률이 떨어진다.

★ '~해야만 한다.'는 생각을 '~하는 게 좋다.'로 완곡하게 표현하면 강박관념을 줄이고 멘탈도 편해진다.

객관적으로 보는 것을 습관화한다

우리는 눈코 뜰 새 없이 바쁜 일상에서 수많은 일을 결정해야 한다. 너무 바빠서 집중하지 못하는데 고민이나 걱정까지 더해지면 판단하기가 쉽지 않다. 감정에 치우치면 판단이 흐려져 객관적으로 볼 수 없다.

일본 야구선수 스즈키 이치로는 인터뷰에서 "내가 집중하고 있는지 높은 곳에서 지켜보는 내가 있다."라고 했다. 자신을 위에서 내려다보면 바쁜 일상에서도 내 생각과 감정을 객관적으로 볼 수 있다.

★ 중요한 문제들을 생각하고 판단할 시간적 여유가 필요하다.

★ 객관적인 시각으로 생각과 감정을 살펴야 한다.

★ 복잡한 것들을 단순하게 정리해야 생각이 깊어진다.

감정에 이끌려 잘못된 선택을 해서는 안 된다. 책임감 때문에 스스로 피곤해지는 결정을 해서도 안 된다. 책임감을 종용하며 나를 이용하려는 사람도 경계해야 한다.

부정적인 생각의 반복을 멈춘다

나쁜 일이 반복되면 '왜 이렇게 운이 없지?'라는 생각이 들 수도 있다. 결코 운이 나빠서가 아니다. 크고 작은 일을 잘못 판단하여 나쁜 일을 계속 불러들이는 것이다. 안 좋은 일은 잘못된 판단의 결과다. 물론 내 판단과 상관없이 나쁜 일이 생기기도 한다. 이런 일이 반복되면 생각을 멈추고 나를 돌아봐야 한다.

판단력이 고장 난 것 같으면 지금 하는 생각을 멈춰야 한다. 부정적인 생각이 꼬리에 꼬리를 물지 못하게 해야 한다. 이때 부정적인 생각, 고민, 걱정을 멈추는 방법은 종이에 적어보는 것이다. 생각을 밖으로 꺼내 종이에 기록하며 냉정하게 짚어봐야 한다.

지금 내가 맞닥뜨린 문제를 생각나는 대로 적어보자. 기록한 것을 읽으면서 자문자답을 해본다. 내가 나를 상담해주는 것이다. 이때 '묻는' 나보다 '대답하는' 내가 더 객관적으로 판단할 수 있다. '대답하는 나'의 생각을 입혀보자. 다른 시각으로 객관적인 판단을 할 수 있다.

프랑스의 소설가 알퐁스 드 샤토브리앙은 “사람은 자신이 바라보는 방향에 따라 달라진다.”라고 했다. 자신에 대한 생각이 부정적일 때는 바라보는 방향을 바꿔야 한다. 부정적인 생각이 갑자기 긍정적으로 바뀌기는 쉽지 않으므로 우선 부정적으로 바라보는 시각부터 바꿔야 한다. 부정적인 생각을 멈추고 자신을 바라보는 방향을 바꿔 객관적으로 보면 긍정적인 생각을 할 수 있다.

부정적인 감정으로 인해 사소한 일에도 짜증이 나면 생각을 멈춰야 한다. 만사에 짜증 내는 감정의 패턴은 이렇다.

❶ 사소한 일에 짜증을 내면 부정적인 감정이 생긴다.
❷ 짜증이 사라질 때까지 부정적으로 생각하고 행동한다.
❸ 짜증이 사라지기도 전에 또 짜증 나는 일이 생긴다.

이렇게 꼬리에 꼬리를 무는 짜증은 사라지지 않고 만성이 된다. 이런 패턴이 생기기 전에 부정적인 생각을 멈춰야 한다. 생각을 멈추고 글로 적어 밖으로 꺼내야 한다.

사소한 일로 발끈할 때는 마음부터 챙긴다

마음챙김mindfulness은 거창한 게 아니다. 마음챙김은 현재의 순간에 발생하는 경험에 판단 없이, 의도적으로 평안함과 안정감을 위해 주의를 기울이는 심리적 과정이다(위키백과 참조). 여기서 '경험에 판단 없이'라는 말이 중요하다. '어떤 경험에 주관적인 판단 없이'라고 풀이할 수 있다. 그리고 '의도적으로 평안함과 안정감을 위해 주의를 기울이는'에도 주목할 필요가 있다. 평안함과 안정감을 위해 의식적으로 시간을 내어 주의를 기울여야 한다는 것이다. 감정이 상할 수 있는 상황을 객관적으로 판단하여 마음을 챙겨야 한다.

사소한 일로 발끈할 때가 있다. 가령 엘리베이터에서 발을 밟고 사과하지 않는 사람 때문에 기분이 상했다고 해보자. 상한 기분이 뇌에 신호를 보낸다. 뇌는 상한 기분에 반응해 스트레스 반응을 보이며 흥분하게 한다. 어쩌면 사소한 일 때문에 하루를 망칠 수도 있다. 이 상황에서 뇌가 곧바로 반응하는 것은 아니다. 이때 마음챙김이 필요하다. 경험(발을 밟힘)에 주관적 판단(밟혀서 기분 나쁜) 없이 평안한 마음을 유지하는 것이 중요하다. 객관적으로 생각하면 사람이 꽉 찬 좁은 엘리베이터에서 발을 한 번 밟힌 것뿐이다.

남들과 사소한 마찰이 있을 때 사고방식이 '다른 것'을 '틀린 것'으로 생각하는 사람이 많다. 내 생각과 다르다고 틀린 것은 아니다. 다름을 인정하면 감정이 상해서 발끈할 일도 줄어든다. 경험(사소한 마찰)에 주관적 판단(나와 달라서 기분 나쁜) 없이 평온하게 마음을 챙기자. 객관적으로 생각하면 사고방식의 차이 때문에 생긴 마찰일 뿐이다. 사소한 일에 발끈하지 않으면 멘탈을 챙길 수 있다.

★ 마음이 바쁘면 편안한 감정을 유지하기 힘들다.

★ 정신없이 바빠도 시간을 정해 나를 돌아봐야 한다.

★ 나도 모르게 부정적인 패턴에서 생활하고 있을 수 있다.

★ 부정적 감정의 패턴에 빠지면 생각을 멈춰야 한다.

★ 생각을 멈추고 머릿속에 맴도는 것을 글로 적어 밖으로 꺼내자.

★ 글을 쓰고 셀프 상담을 해보자. '묻는 나'와 '대답하는 나'로 상담을 해본다. 대답하는 나는 좀 더 객관적으로 상황을 볼 수 있다.

★ 화가 날 때는 심호흡부터 하자.

★ 마음챙김을 통해 마음의 평안함과 안정감을 찾자.

★ 자신을 객관적으로 바라볼 수 있어야 어떤 문제에도 냉정하게 대처할 수 있고 멘탈도 강해진다.

달성하고 싶은 목표를 쓰고 선언한다

아쉽게도 이루고 싶은 목표를 글로 쓰는 사람은 많지 않다. 대부분 의욕만 앞설 뿐이다. 글로 적어야 목표가 선명해지고 의욕도 생긴다.

호시 와타루는 《신의 멘탈》에서 미국의 한 대학에서 목표 달성률을 실험한 내용을 소개한다. 목표를 손으로 적었을 때의 달성률과 키보드로 입력했을 때의 달성률을 비교해보니 목표를 손으로 적었을 때의 달성률이 42%나 높았다. 목표를 손으로 적으면 뇌가 자극을 받아 '이건 중요한 정보구나'라고 인식하며 목표를 달성하는데 큰 영향을 끼친다.

목표는 구체적으로 정해야 한다. '내 목표는 ○○이다.'라고 구체적으로 말하고 써야 한다. 목표를 구체적인 글로 적으면 달성할 수 있는 확률이 높아진다.

① 목표를 글로 적을 때는 최대한 자세하게 적는다.

② 반복되는 말은 압축하여 한두 문장으로 만든다.

③ 긍정적인 내용을 쓴다.

④ 목표를 소리 내어 여러 번 읽는다.

⑤ 목표를 잘 보이는 곳에 붙여 놓고 눈으로 목표를 확인한다.

나는 이루고 싶은 목표를 손으로 적어서 집과 사무실에 붙여 놓았다. 잘 보이는 곳에 붙여 놓은 목표를 볼 때마다 목표 달성이 선명해짐을 느꼈다.

자기 선언하는 습관을 들인다

작성한 목표는 자기선언문과 같다. 무엇이든 처음이 어렵다. 아무리 편한 가족이라도 목표를 보고 있다고 생각하면 어색하고 쑥스러울 수 있다. 먼저 가족들에게 내 목표를 알리자. '안 하던 일'이기 때문에 조금 의아해하거나 이상하게 볼 수도 있다. '갑자기 이 사람이 이상해졌다'며 바라보겠지만 처음이 어렵지 자주 해보면 별것 아니란 것을 느낄 수 있다. 이건 내 경험담이니 믿고 해보시기를. 이루고 싶은 목표만 생각하자. 집에서든 사무실에서든 목표를 볼 때마다 여러 번 소리 내어 읽어보자.

나는 운전하고 산책하고 운동할 때 혼자 목표를 중얼중얼한다. 지나가는 사람이 '별 이상한 사람도 다 있네'라고 생각하든 말든 신경 쓰지 않는다. 미쳐야 미친다. 잠들기 전에도 목표를 중얼중얼한다. 자기 선언을 하면 잠재의식에 자극을 줄 수 있다. 자기암시의 효과도 얻을 수 있다. 자기 선언하는 것이 습관화되면 강한 자신감과 함께 멘탈도 단단해진다.

40대 중반에 뭔가 바꾸려고 할 때 나조차도 엄청 어색했다. 40년 넘게 만들어진 고정관념에서 벗어나는 게 쉽지 않았다. 그러나 포기하지 않으면 반드시 된다. 새로운 것에 대한 거부감을 이겨내고 중얼중얼 자기 선언을 해보자. 딱 66일만 해보자. 과정을 건너뛰고 잘되는 건 없다. 그 과정 하나하나가 새로운 것을 거부하는 뇌를 설득하는 것이다. 고정관념을 깨야 한다. 너무 거창하게 생각할 것도 없다. 그냥 목표를 중얼중얼하면 된다. 이렇게 혼자 중얼거리는 것이 습관이 되면 이루고 싶은 목표는 더욱 선명해진다.

목표를 널리 알린다

이루고 싶은 목표를 정했으면 주변에 널리 알려야 한다. 목표를 나만 알고 있으면 포기하기 쉽다. 그렇기 때문에 나 자신과의 약속을 남에게도 알려야 한다. 목표를 널리 알리는 것은 목표를 이루기 위한 과정이다. 진심으로 응원해주는 사람이 있다면 책임감이 생기고 목표 달성에 도움이 된다. 물론 비아냥거리는 사람도 있을 것이다. 그 말에 상처받지 않고 이겨내야 한다. 목표를 달성한 후에 그런 사람들의 시기와 질투를 즐기면 된다.

멘탈의 연금술

> 습관이 되기 전에 포기하지 않으려면 어색함을 이겨내야 한다. 어색함을 익숙함으로 바꿀 때 뇌를 설득하는 데 21일이 필요하고, 이것을 행동 습관으로 만드는 데는 66일이 걸린다고 한다. 자기 선언하는 것을 어색하지 않게 할 수 있을 때까지 연습해보자.

목표를 선언하면 주변에 목표를 방해하는 사람이 있기 마련이다. 금연한다고 선언했는데 담배를 권하거나 일부러 담배를 더 피우는 분위기를 조성하기도 한다. 공부하겠다고 목표를 얘기하면 같이 놀던 친구들이 공부를 방해하기도 한다. 그러나 목표에 확신을 가지면 유혹에 흔들리지 않는다. 반드시 목표를 이루겠다는 믿음을 가져야 한다.

MIRACLE MENTAL

★ 이루고 싶은 목표가 생겼다면 정성스럽게 자기선언문을 작성하자.

★ 목표는 글로 써야 더 선명해지고 의욕도 생긴다.

★ 작성한 자기선언문을 반복적으로 소리 내어 읽자. 잠재의식에도 자극을 주고 자기암시도 된다.

★ 목표를 잘 보이는 곳에 붙여 놓고 수시로 읽는다.

★ 이루고 싶은 목표를 주변에 알리자. 진심으로 응원해주는 사람의 도움을 받을 수 있다.

★ 주변 사람들의 부정적인 반응은 그냥 무시하자.

★ 목표를 반드시 이루겠다는 자신감과 책임감은 멘탈을 단단하게 만들어 준다.

IRON MIND 12 IRON WILL

우선 작은 것부터 시작한다

우리는 무슨 일이든 너무 거창하게 하려고 한다. 자존심이나 남의 시선 때문에 큰 성과를 내야 한다고 생각한다. 작은 일은 우습게 생각하고 큰일을 해야 인정받을 수 있다고 여긴다.

거창한 목표가 있다면 작은 일부터 시작해야 한다. 처음부터 거창한 것을 하려고 하면 시작부터 막연해진다. 뭘 해야 하는지는 알겠는데 무엇부터 해야 하는지 몰라서 헤매기 쉽다. 이것저것 부산스럽게 준비하고 일을 시작하게 된다. 머릿속의 할 일들은 거창한데 행동이 부산스러워진다. 거창하게 하고 싶은데 몸과 마음이 따라주질 않는다. 이때 '해야 하는데'라는 강박관념이 생긴다. 강박관념이 생기면 평소에 잘하던 일도 실수하기 마련이다. 잘하던 일을 실수하면 자책하게 되고 잘하던 일도 안 된다.

큰일을 도모하기 전에 작은 일부터 경험을 쌓아야 한다. 큰 성과는 아주 사소한 일로 시작된다. 큰 목표를 의식하되 우선 작은 일부터 집중해야 한다. 처음부터 잘하는 사람은 없다. 작은 일을 먼저 시작해 성과를 내면서 일에 대한 부담감을 없애야 한다. 이런 작은 일들에 도전하면 부담은 적고 성과는 좋아진다. 쉬운 일부터 차근차근 성과를 내면 마음이 편안해진다. 누구나 마음이 편하면 결정이 빨라진다. 결정이 빨라지면 일의 성과를 바로바로 알 수 있다. 이렇게 부담없이 할 수 있는 사소한 일들의 성과를 하나하나 늘려 가면 멘탈이 좋아진다.

멘탈의 연금술

자신의 장점과 단점을 파악해 일의 효율을 올려야 한다. 어떤 일이 적성에 맞는지, 어떤 일이 잘되고, 안 되는지 파악하면 장점과 단점을 파악할 수 있다. 일이 잘 안 된다고 무기력해질 필요는 없다. 하는 일마다 다 잘될 수는 없다. 시도했다는데 의의를 두고 안 되면 다시 하면 된다. 이렇게 단점을 보완하다 보면 할 수 있는 일이 더 많아진다.

사소한 일에 집중하다 보면 일의 효율이 좋아진다. 사소한 일들의 성과들이 점점 좋아진다. 사소한 것을 성취하면 긍정적인 경험이 쌓여 자신감을 키울 수 있다.

작은 성취로 자신감과 집중력을 키운다

경험을 쌓을 때 생긴 자신감은 과거의 자신감이다. 앞으로 할 일에 대한 자신감은 미래의 자신감이다. 과거의 자신감이 쌓이면 미래의 자신감도 커지게 된다. 앞으로 어떤 일을 할 때 두려워하거나 망설이지 않을 수 있다. 자신감이 있으면 거창한 목표를 실행할 때의 막연함이나 망설임, 불안함이 사라진다.

자신감이 있으면 거창한 목표를 편안한 마음으로 바라볼 수 있다. 목표에 한 걸음 더 다가설 수 있다. 하지만 자신감이 생겼다고 성급하게 거창한 목표를 의식하지 않는 것이 좋다. 거창한 목표를 의식하다 보면 집중력을 잃을 수 있다. 거창한 목표에 도달하는 것은 수많은 작은 일들의 성과의 합이다. 작은 일들을 등한시하면 안 된다. 작은 성과들이 재창조되어 큰 성과가 만들어진다.

자신감을 유지하면 일을 할 때 의욕이 생기고 흥미도 늘어난다. 일에 흥미를 느껴야 집중력을 잃지 않고 꾸준하게 할 수 있다.

★ 성공한 경험을 쌓으면서 자신감을 키운다.

★ 지금 하는 일에 집중한다.

★ 지치지 않는 꾸준함을 유지한다.

이 세 가지는 모두 사소하고 작은 일에서 시작되는 것들이다. 처음부터 거창한 목표를 바라보면 막연하다. 사소한 일부터 경험을 쌓으면 비로소 거창한 목표에 도달할 수 있다. 작은 성취를 통한 자신감, 집중력, 꾸준함이 최강의 멘탈을 만들어 준다.

나는 2019년 3월에 FC[financial consultant] 일을 시작했다. 보험회사는 연말이 되면 여러 성과를 종합하여 프리미어 클럽을 선정한다. 12월 9일 조회 시간이었다. 본부장은 나의 성과를 보더니 업적(계약을 통해 생기는 성과 지표)을 달성했다고 칭찬했다. 계약을 42건만 더 하면 내년에 프리미어 클럽을 달성할 수 있다고 격려했다. 남은 기간은 20일이었다. 이 기간에 42건을 달성해야 했다. 그 당시 우리 회사 프리미어 클럽은 100명 정도밖에 없었다. 성과를 달성하면 신입사원 최초로 입사 1년차에 프리미어 클럽이 된다. 나에게는 거창한 목표가 생겼다.

평소에 기업 관련 컨설팅을 하다 보니 비교적 큰 금액의 계약을 했었다. 20일 동안 42건의 계약을 해야 한다고 생각하니 처음에는 암담했다. 그래도 꼭 도전해보고 싶었다. 하루 이틀 고민하고 일의 방향을 잡았다. 작은 일부터 시작했다. 당시 회사의 암보험이 나이에 따라 3,000~10,000원 정도 하는 상품이 있었다. 그동안 지인들에게 보험 영업을 거의 안 했었다. 입이 떨어질 리 만무했다. 하지만 목표는 이미 정해졌고 의욕이 있었다. 작은 일이지만 목표를 이루고 나면 엄청난 일이 될 것 같았다. 20일 동안 휴일에도 쉬지 않고 일을 하여 총 45건의 계약을 달성했다.

결국 작은 일을 통해 목표를 이루었다. 평소에 하던 일에 비해 작은 계약이라고 무시할 수 없었다. 나는 간절했다. 돈이 문제가 아니었다. 목표를 세우고 20일 동안 꾸준히 영업했다. 지치기도 했지만 좋은 결과를 상상하며 자신감을 유지했다. 설령 프리미어 클럽을 달성하지 못하더라도 손해 볼 게 없었다. 그렇게 작은 일에 집중하고 한 달을 마무리했다. 기간이 짧기는 했지만 작은 일에 집중해 성과를 만드는 경험을 쌓았다.

'나 정도 되면 이쯤은 해야지.'

과시욕 때문에 일을 거창하게 시작할 수도 있다. 과거에 큰 성과를 내본 사람은 완전히 새로운 일을 할 때도 이런 생각을 하게 된다.

'과장급이 그걸 했으니 나는 더 큰 일을 해야지.'

부하직원이나 나보다 어린 사람이 큰 성과를 내는 모습을 보면 이런 생각을 할 수도 있다. 남들에게 과시하기 위해 거창한 일을 하려는 것이다. 과시욕으로 남에게 보여주기 위해 일을 시작하면 안 된다. 거창한 일의 동기가 순수하지 못하면 큰 결과에만 집착한다. 큰 결과만 생각하면 과정을 무시하기 쉽다.

때로는 시기심이나 욕심 때문에 거창한 일을 하고 싶어진다. 누군가 큰 성과를 내면 '쟤가 하는데 나라고 못할까?'라고 생각한다. 피땀 흘린 남의 노력은 생각하지도 않는다. '저 정도는 나도 할 수 있어.'라며 거창하게 일을 벌인다. 시기심 때문에 욕심을 내게 된다. 물론 목표를 거창하게 정하는 것은 나쁘지 않다. 선의의 경쟁을 하는 것은 좋다. 그러나 시기심이나 욕심 때문에 거창하게 일을 시작해서는 안 된다. 시기심이나 욕심이 생각을 어지럽혀 일이 손에 잡히지 않는다.

★ 처음부터 거창하게 일을 벌이면 막연해서 시작하기가 쉽지 않다.

★ 거창한 목표를 세우지 말고 먼저 작고 사소한 일에 집중하자.

★ 사소한 성과라도 성공한 경험이 쌓이면 자신감이 생긴다.

★ 자신감이 있어야 일에 흥미를 느껴 꾸준히 할 수 있다.

★ 거창한 목표를 지나치게 의식하면 집중력이 약해질 수 있다.

★ 작은 성과가 많을수록 최강의 멘탈이 된다.

★ 작은 목표에 집중하다 보면 어느새 거창한 목표에 다가선다.

★ 자신감과 집중력, 꾸준함은 최강의 멘탈로 만들어 준다.

거절당하더라도 계속 도전한다

우리는 일하면서 수도 없이 거절당한다. 특히 중요한 일에 거절당하면 멘탈이 흔들려 다시 도전하는 것을 두려워한다. 거절에 대처하는 방법은 계속 도전하여 두려움을 이겨내는 것이다.

거절을 감정적으로 받아들일 때 두려움이 생긴다. 거절당하는 이유를 객관적으로 살펴보면 두려움이 생기지 않는다. 상대의 거절을 객관적으로 판단하고 왜 거절하는지 그 이유를 물어보자. 모든 거절에는 이유가 있다. 절대 흥분하거나 감정적으로 물어보면 안 된다. 어차피 거절당한 상황이다. 감정을 앞세워 봐야 변하는 것은 없다. 거절하는 이유를 물어보면 무엇이 잘못됐는지 알 수 있고 상황을 더 객관적으로 볼 수 있다. 이유를 정확히 알고 넘어가야 한다. 그래야 다음에 비슷한 이유로 거절당하는 것을 피할 수 있다.

거절당했을 때 막연히 자신을 무능력하다고 생각할 필요는 없다. 세상에 내 마음과 같은 사람은 없다. 왜 거절했는지 이유를 알면 감정에 휩쓸리지 않고 멘탈이 흔들리지도 않는다.

멘탈의 연금술

지아 지앙의 테드 강연 〈100일간의 거절을 통해 배운 것들〉을 보았다. 그는 왜 거절하는지 반드시 물어보라고 했다. 거절하는 사람도 사정이 있기 마련이다. 거절하는 이유를 알면 얼마든지 다른 기회를 찾을 수도 있다. 거절한 사람이 그 제안을 다른 사람에게 추천할 수도 있다.

얼마 전에 기존고객의 소개로 가망고객을 처음 만났다. 상담하고 계약을 체결하기로 했다. 다음 날 고객은 흔쾌히 집으로 오라고 했다. 전날 상담할 때 제시했던 상품에 사인을 요청했다. 그런데 남편이 거절했다. 상담받은 고객은 상품을 충분히 이해했고 계약서에 사인만 남은 상황이었는데 당황스러웠다. 그 이유를 물어봤다. 계약 금액이 너무 크다고 했다. 내 귀에는 이렇게 들렸다. '내가 당신을 어떻게 믿습니까?' 고객과 신뢰 형성이 전혀 안 된 상황임을 직감했다.

일단 계약을 접어두고 거절하는 고객과 허심탄회하게 대화했다. 얘기해보니 사업이 요즘 힘들다고 했다. 앞으로 어떻게 사업을 운영하면 좋을지를 설명해주었다. 소개해준 기존고객이 어떻게 컨설팅을 받았는

지도 30분 동안 알려주었다. 인사하고 일어서는데 고객이 "그래요, 계약합시다."라며 곧바로 계약서에 사인했다. 처음에 거절당했을 때 마음을 비우고 그 이유를 물은 결과였다. 고객이 나에 대한 믿음이 없는데 내가 너무 급하게 서둘렀다는 것을 뒤늦게 깨달았다. 이처럼 거절하는 이유를 알면 상황을 객관적으로 볼 수 있다.

거절당하는 것을 실패로 여기면 안 된다. 거절의 벽에 부딪혔다고 주저앉으면 성장할 수 없다. 상대방의 거절을 성장의 발판으로 삼아야 한다. 거절당했을 때 어떻게 받아들이느냐가 결과에 영향을 미친다.

거절을 성장의 발판으로 삼는다

거절당하면 스트레스를 받는다. 멘탈이 약해지고 의욕이 꺾인다. 기분이 상할까 봐 거절을 미리 염두에 두고 피하게 된다. 그러나 우리는 거절당한 경험을 통해 성장한다. 종이에 손을 베이는 경험을 하면 다음에 종이를 다룰 때는 주의를 기울이듯이, 거절을 당하면 다음에 거절당하지 않는 방법을 연구하게 된다.

거절당하는 스트레스를 이겨내면 성장의 발판을 만들 수 있다. 거절당하는 과정에서 잘못한 점을 찾아내고 고치면 된다. 이렇게 한 수 배우고 한 단계 더 성장하는 것이다. 거절당할까 봐 두려워서 회피하면 성장할 기회를 놓치게 된다. 거절의 두려움을 극복해야 성장할 수 있다.

우리는 성장하고 싶은 욕구가 있다. 성장할 때 가치가 있고 의미가 있다. 하지만 누구나 성장통을 겪는다. 고통 없는 성장은 없다. 인간은 완벽하지 않은 존재다. 성장의 가치를 얻기 위해 용기를 내어 다시 도전해야 한다. 걸음마를 배우는 아기가 수십 번 넘어져도 다시 일어나서 도전하듯이.

우리는 변화하는 과정에서 성장한다. 변화가 없는 삶은 고인 물과 같다. 생각이 고여 있으면 더 이상 발전이 없다. 유연하게 생각하고 거절에도 유연하게 대처해야 한다. 거절당했을 때 '내가 더 성장할 수 있겠구나.'라는 유연한 생각으로 단단한 멘탈을 만들어야 한다.

거절당하면 실패했다고 생각하기 쉽다. 실패는 포기했을 때의 결과다. 거절당했더라도 포기하지 않으면 실패한 것이 아니다. 수많은 거절을 이겨내고 계속 도전하는 것이 성공의 과정이다. 목표를 이루는 최고의 방법은 실패하더라도 계속 도전하는 것이다. 거절당하더라도 포기하지 않고 계속 도전하면 목표를 이룰 수 있다.

포기하면 실패이고 도전하면 성공이다. 인생은 도전이다. 포기하지 않으면 언젠가는 성공한다. 될 때까지 도전하면서 멘탈도 강해진다.

MIRACLE MENTAL

★ 거절당하면 스트레스를 받고 멘탈도 흔들린다. 이때 포기하지 말고 다시 도전해야 한다.

★ 거절당했을 때 다시 도전하면 거절당해도 두려움이 사라진다.

★ 거절당했을 때는 감정적으로 받아들이지 말고 거절한 이유를 물어보자. 거절하는 이유를 알면 객관적으로 볼 수 있다.

★ 거절한 이유를 알았다면 잘못된 점을 찾아 고친다.

★ 거절당했을 때 '내가 더 성장할 수 있는 기회구나'라고 생각하면 멘탈이 흔들리지 않는다.

★ 거절에 대처하는 방법을 알면 두려움이 사라지고 멘탈이 강해진다.

IRON MIND 14 IRON WILL

한계 없음을 목표로 달린다

집중력이 떨어지면 잡생각이 나고 일이 손에 잡히지 않는다. 이때는 작은 몰입이 필요하다. 나는 집중이 안 될 때는 설거지하고 빨래하고 손톱을 깎는다. 설거지할 때는 세제가 다 씻겨나갈 때까지 뽀득뽀득 닦고, 빨래는 각을 맞춰서 갠다. 손톱을 깎을 때는 조심하지 않으면 상처가 날 수도 있어서 더 집중하게 된다. 사소한 일에 몰입하다 보면 잡생각이 나지 않는다.

목표에 동기부여가 되지 않으면 행동을 먼저 시작하여 집중력을 끌어 올릴 수 있다. 목표를 이루기 위한 첫 단계는 작은 것부터 집중하여 행동하는 것이다. 눈앞의 작은 것에 몰입하면 집중력을 높일 수 있다. 이때 목표와 아무 관련이 없는 것에 집중하면 주의력이 분산되고 산만해진다. 마치 국어 시간에 수학책을 펴놓는 것과 같다.

나는 공부에 집중이 안 되면 연필을 깎는다. 그 연필로 노트에 날짜를 적고 공부하면서 메모한다. 책이나 동영상으로 공부하고 나면 그것을 정리한다. 이런 식으로 연필 깎는 것부터 시작해 정리까지 공부하는 루틴이 자리 잡는다. 이렇게 집중력을 높이면 공부에 자신감이 생긴다.

팔굽혀펴기 한 번의 기적

하기 싫은 일은 동기부여가 안 되고 의욕도 떨어진다. 이때도 작은 일을 먼저 행동으로 옮기면 집중력이 올라가 자동으로 하게 된다.

누군가 좋은 몸을 만들고 싶다고 하면 먼저 팔굽혀펴기를 해보라고 권한다. 팔굽혀펴기를 한 번 하는 것은 쉽다. 한 번 하는데 집중하는 것이 중요하다. 그것이 적응되면 횟수를 점차 늘려 갈 수 있다. 팔굽혀펴기를 한 번 할 때마다 더 좋은 몸을 만들고 싶은 동기부여가 된다. 이때 스쿼트 한 번을 더 추가하고 싶은 의욕도 생긴다. 《습관의 재발견》을 쓴 스티븐 기즈는 팔굽혀펴기를 한 번 하는 것만으로도 기적 같은 일이 일어난다고 했다. '한 번' 하는 작은 행동에 집중하면 나중에 몸짱이 되는 기적이 일어날 수도 있다.

운동을 너무 거창하게 생각할 필요는 없다. 스트레칭과 산책, 팔굽혀펴기 한 번으로도 충분하다. 시작이 중요하다. 운동하면 집중력을 높이는 데 도움이 된다. 특히 유산소운동은 원활한 혈액순환과 산소 공급으로 뇌를 활성화한다.

모리 겐지로의 《기적의 집중력》에는 스즈키 이치로 선수가 고등학생 때 매일 타격 연습을 10번씩 하면서 집중한 얘기가 나온다. 일단 연습을 시작하면 당연히 10번만으로는 부족하다는 생각이 들고 좀 더 하자는 마음이 생긴다. 이렇게 하루에 타격 연습을 10번 한 것이 100번, 200번으로 늘어난다. 귀찮고 하기 싫은 일도 일단 눈앞의 만만한 과제에 초점을 맞추면 꾸준히 할 수 있다.

멘탈의 연금술

목표를 향한 집중력은 한계라고 생각한 것까지도 극복하게 해준다. 라인홀트 메스너는 《에베레스트 솔로》에서 "등산은 정상에 오르기까지의 과정과 씨름하는 것이다."라고 했다. 산에 오를 때는 정상보다는 한 걸음 한 걸음에 집중해서 나아가야 한다. 목표에 집중할 때도 결과보다는 과정에 집중해야 더 효과적이다.

1954년 영국 옥스퍼드 대학 의대생인 로저 베니스터는 1마일(1,609m)을 4분 안에 달려서 사람들이 불가능하다고 했던 장벽을 무너뜨렸다. 1마일을 4분 3초에 여섯 번이나 달렸던 호주의 존 랜디 선수는 "4분은 벽돌 장벽brick wall이다."라고까지 했다. 이것을 아마추어 육상 선수인 로저 베니스터가 해낸 것이다.

베니스터의 코치는 "너의 기록은 4분 6초다. 그게 너의 한계다."라고

긍정 확언

— 나는 날마다 성장하고 있다.

— 나는 생각한 대로 된다는 것을 믿는다.

— 나에게는 한계가 없다.

— 나는 목표에 집중한다.

— 나는 작고 사소한 일부터 시작한다.

했다. 담당 의사 또한 "1마일을 4분 안에 달리면 심장이 터질 것이다. 절대 할 수 없다."라고 했다. 이런 말을 들으면서도 로저 베니스터는 의지를 굽히지 않았다. 6초를 단축하면 된다고 생각했다. '16번 달릴 때 1초씩 96번 달리면 6초를 단축할 수 있다.' 이렇게 베니스터는 16분의 1초씩 단축하는 과정에 집중했다. 그 결과 3분 59초 4라는 놀라운 기록을 세웠다. 그 후 한 달 동안 10명, 1년이 지나 27명의 선수가 줄줄이 불가능의 벽을 깼다. 베니스터가 해내는 것을 보고 4분의 벽을 넘게 된 것이다. 이렇게 한계는 집중력과 훈련으로 얼마든지 넘어설 수 있다.

★ 집중력이 떨어지면 자신감도 떨어진다.

★ 일이 안 되서 무기력해지면 멘탈도 흔들린다.

★ 일상의 사소한 일에 집중해 잡생각을 떨쳐내는 것부터 시작한다.

★ 몸에 활력이 떨어졌다면 가벼운 운동으로 뇌를 활성화한다.

★ 집중력을 강화하면 자신감이 올라가고 멘탈도 강해진다.

★ 하기 싫은 일을 할 때는 작은 일부터 집중한다.

★ 팔굽혀펴기 한 번에 집중한다.

★ 한계는 과정에 집중하면 극복할 수 있다.

IRON MIND 15 IRON WILL

일상에서 나만의 루틴을 반복한다

시험이나 시합을 앞두면 몸과 마음이 긴장된다. 그동안 노력한 것을 시험이나 시합 당일에 모두 발휘해야 하기 때문이다. 이때 나만의 루틴을 만들면 안정을 찾고 집중할 수 있다. '루틴'은 습관적인 동작이나 행동이다. 이 루틴으로 쓸데없는 생각이 밀려오는 것을 막고 편안한 상태가 될 수 있다.

내가 하는 보험 일도 자격시험이 몇 가지 있다. 누구나 각종 자격시험에 부담을 느끼고 시험이 코앞에 다가오면 긴장을 많이 한다. 나는 시험 전에 나만의 루틴으로 긴장을 풀고 안정을 찾을 수 있었다.

시험을 보는 날에는 아침 식사를 부담스럽지 않게 한다. 요점을 정리하면서 몸과 마음을 집중 모드로 만든다. 시험장에 20분 일찍 입장해

차분히 앉아 시험도구와 자리를 정리한다. 10분 정도 남으면 심호흡으로 집중 모드를 유지하고 몸을 이완한다. 시험 감독관이 설명할 때 집중해서 듣는다. 시험이 시작되면 긴장하지 않고 페이스를 유지하면서 문제를 풀어간다. 모르는 문제는 넘어가고 남은 시간에 푼다. 모르는 문제로 생각이 복잡해지면 안 되기 때문이다. 간단한 루틴이지만 시험장에서 긴장하는 일이 거의 없다.

스포츠 선수들의 루틴은 TV에서 많이 볼 수 있다. 어떤 야구선수는 항상 우스운 행동을 하는데 그것이 그 선수의 루틴이다. 골프 중계를 봐도 샷을 하기 전에 선수들이 반복하는 행동이 있다. 선수들은 그 행동으로 마음을 가라앉히고 샷을 하는 순간에 집중하는 것이다.

2017년 BMW 레이디스 챔피언십에서 우승한 고진영 선수는 인터뷰에서 이렇게 말했다. "골프는 정말 멘탈이 중요한 스포츠라고 다시 한 번 느꼈다. 실수 이후에 흔들리지 않고 내 루틴을 지키는 것이 중요하다."

골프는 경기 특성상 3, 4일 동안 5시간 정도 야외에서 경기가 진행되기 때문에 꾸준히 집중하는 것이 쉽지 않다. 수많은 연습을 하여 몸이 기억하는 짧은 퍼팅도 생각이 끼어들면 놓치기도 한다.

장수연 선수도 "샷할 때 다른 생각은 잊고 루틴에만 집중한다."고 했다. 자기만의 루틴이 중요함을 강조한 것이다.

긍정 확언

— 나는 몸과 마음이 편안하다.

— 나는 연습한 대로 페이스를 유지한다.

— 나는 나만의 루틴에 집중한다.

— 나는 멋있고, 모든 사람이 나를 인정해준다.

— 나는 새로운 매 순간을 즐긴다.

일상에서 할 수 있는 루틴을 만든다

우리는 자신만의 루틴이 있지만 그것을 잘 모른다. 아침에 잠에서 깨어나자마자 맨 처음 하는 행동, 샤워할 때 하는 반복적인 행동이 나만의 루틴이다. 그 행동을 하지 않으면 뭔가 찜찜하다. 나는 눈뜨자마자 침구를 정리한다. 아침 샤워는 찬물로 하고 잠자기 전 샤워는 따뜻한 물로 한다. 이렇게 해야 마음이 편해지고 뭔가에 집중할 수 있다.

❶ 간단한 아침 식사로 활기차게 하루를 시작한다.

수면 중에 전신 세포는 300~500칼로리를 소모한다. 아침 식사를 안 하면 공복 상태가 길어지고 혈당의 저하로 뇌 신경이 둔해지고 무기력해진다. 집중력과 의욕이 떨어져 일의 능률도 떨어진다. 또 아침 식사를 거르면 불규칙한 식사로 과식, 폭식을 하기 쉽고 이것은 체중 증가로 이어진다. 간단한 아침 식사는 다이어트에 도움이 되고 집중력도 높일 수 있다. 간단하게 아침 식사를 하는 루틴을 만들어 건강과 집중력을 챙길 수 있다.

❷ 밝게 인사하는 루틴을 만들면 멘탈이 강해진다.

성향에 따라 다르겠지만 한국 사람들은 인사에 인색하다. 낯선 사람과 눈이 마주치면 쑥스러워한다. 나는 웃으며 인사를 잘하는 편이다. 인사만 잘해도 일이 술술 풀린다. 내가 밝은 표정으로 인사하면 상대방의 기분도 좋아진다. 눈을 맞추고 밝게 인사하는 루틴으로 자신감을 키울 수 있다.

❸ 스마트폰을 잠시 꺼두는 루틴을 만든다.

스마트폰은 마치 몸의 일부처럼 되었다. 시도 때도 없이 알림 문자가 오고 집중을 방해한다. 집중력이 필요한 공부나 일을 할 때는 스마트폰을 꺼놓자. 이런 루틴을 만들면 휴대전화 때문에 생기는 불안이 사라지고 온전히 집중할 수 있다.

일상에서 루틴을 통해 마음을 안정시킬 수 있다. 스트레스를 받아서 긴장을 풀거나 집중이 필요할 때 나만의 루틴을 만들어야 한다. 루틴을 만들면 해야 할 것에만 집중할 수 있다.

새로운 루틴으로 처음부터 집중력을 키우는 게 어려울 수도 있다. 루틴은 반복이 중요하다. 꾸준한 반복은 원하는 집중상태를 만들어 준다. 초집중으로 한 번에 몰입할 수도 있지만 루틴을 통해서 자연스럽게 집중할 수 있다. 기분이나 컨디션에 관계없이 편하게 할 수 있는 것을 루틴으로 만들어야 한다.

스즈키 이치로 선수는 메이저리그에서 활약할 때 몇 가지 루틴이 있었다고 한다.

★ 매일 아침 카레를 먹고, 경기 전에는 페퍼로니 피자를 먹는다.

★ 경기 시작 5시간 전에 경기장에 도착하여 매일 같은 방식으로 스트레칭과

타격 준비를 한다.

★ 덕아웃에 있을 때는 부상을 방지하기 위해 작은 나무 막대로 발바닥을 문지른다.

★ 좋은 시력을 유지하기 위해 TV는 선글라스를 끼고 본다.

이치로 선수는 365일 중에 363일을 꾸준히 연습했다고 한다. 주변에서는 마치 수도승 같았다고 입을 모았다. 자신의 목표, 경기에 대한 책임감으로 루틴을 꾸준히 반복한 것이다.

멘탈의 연구소

매일 한 페이지라도 책을 읽는 것은 자기계발의 루틴이 된다. 한 페이지 독서로 다독가가 될 수도 있다. 매일 아침 팔굽혀펴기를 한 번 하는 것은 운동하는 루틴이 된다. 팔굽혀펴기 한 번이 100번이 될 수도 있다. 이것이 작게 시작하고 크게 성공하는 법칙이다.

중요한 순간에 루틴이 필요하듯 일상에서도 루틴을 통해 많은 것을 얻을 수 있다. 일에 집중이 안 되거나 긴장을 풀어야 할 때 나만의 루틴을 만들어 이겨낼 수 있다. 자연스럽게 할 수 있는 나만의 사소한 루틴으로 최강 멘탈이 될 수 있다. 작은 행동의 반복으로 인생이 바뀌기도 한다.

★ 나만의 루틴을 만들면 시험이나 시합 같은 중요한 상황에서 마음이 안정된다.

★ 일상에서 루틴을 만들고 반복하면 멘탈이 강해진다.

★ 매일 조금씩 성장하기 위해 자연스럽게 반복하는 루틴을 만들자.

★ 초조하거나 불안할 때는 나만의 루틴이 도움이 된다.

★ 최고의 운동선수들은 자신만의 루틴으로 집중하고 경기력을 향상시킨다.

★ 작은 행동의 반복으로 인생이 바뀌기도 한다.

천천히 부자 되는 것이 가장 빨리 부자 되는 길이다

세상의 속도에 맞춰 살다 보면 쫓아가지 못할까 봐 불안해진다. 자신의 실력은 생각하지 않고 빨리 가려고만 한다. 조금 늦더라도 기본에 충실해야 빨리 갈 수 있다. 남보다 조금 늦을 수도 있다는 것을 인정하면 마음이 편해진다.

시간은 똑같이 주어지지만 실력은 천차만별이다. 남들은 시험에 붙었는데 나만 떨어지면 좌절하게 된다. 이때 해도 안 된다며 자책하고 슬럼프에 빠지기 쉽다. 공부에 집중하고 최선을 다했어도 시험에 떨어질 수 있다. 남보다 늦을 수도 있다고 생각하고 꾸준히 공부해야 한다.

우리나라 사람들은 질문하는 것을 두려워한다. 모르는 것, 궁금한 것은 질문해야 한다. 모르는 것을 모른다고 할 줄 아는 용기가 필요하다.

모르는 것은 반드시 짚고 넘어가야 한다. 서두르지 말고 기본을 잘 다져야 한다.

사업도 마찬가지다. 우리나라에서 자영업자들은 평균 5년이면 73%가 폐업한다고 한다(2018년 자료). 심사숙고하지 않고 사업을 시작하는 경우가 다반사다. '남들이 치킨집, 피자집을 하니까 나도 해야지'라고 생각하며 사업을 시작해서는 안 된다. 준비가 안 된 상태에서 조급하게 돈을 투자해 창업하면 얼마 안 가서 폐업하기 쉽다.

조급함이 불러오는 부작용

조급한 사람은 무슨 일을 하든 시작과 동시에 결과를 바란다. 조급하하니까 조바심이 생겨서 당장 결과가 나오지 않으면 불안해한다. 조급하면 생각이 좁아지고 판단력이 흐려진다. 충분히 생각하고 차근차근 준비해야 한다.

조급함이 생기면 몸에 힘이 잔뜩 들어간다. 수영할 때는 몸에 힘이 잔뜩 들어가면 가라앉는다. 골프는 힘 빼는데 3년, 마음 비우는데 3년이 걸린다. 힘을 빼야 한다. 힘을 빼면 생각이 유연해진다. 생각이 유연해야 시야가 넓어지고 판단력이 좋아진다.

조급한 사람은 과정을 무시하고 빨리 원하는 결과만 얻고 싶어 한다. 다이어트를 할 때도 마찬가지다. 다이어트를 했는데도 원하는 만큼 체중이 줄지 않으면 속성 다이어트를 한다. 대부분 요요가 오기 마련이다. 속성으로 원하는 몸무게가 되면 폭식으로 이어진다. 다이어트는 꾸준한 운동과 규칙적인 식단으로 천천히 해야 가능하다. 무엇이든 조급함을 버리고 꾸준하게 규칙적으로 해야 부작용이 없다.

에이미 모린의《나는 상처받지 않기로 했다》에는 이런 내용이 나온다. "과거에 비해 현대인이 목표를 더 빠르게 포기한다고 밝혀낸 연구가 있다. 1972년 발표된 신년 계획에 관한 연구에서는 참가자의 25%가 신년 계획을 15주 만에 포기한다는 사실이 밝혀졌다. 그런데 세월이 흘러 1989년에는 25%가 고작 1주 만에 계획을 포기하고 있었다."

조급한 사람은 계획도 조급하게 세우고 포기도 빠르다. 서두르지 않고 느긋하게 멀리 봐야 멘탈이 흔들리지 않고 단단해진다.

지금 내가 운영하는 골프숍은 29세에 자영업을 시작한 이후 6번째 오픈한 매장이다. 8년 전까지 다섯 번을 다 실패했다.

자영업을 시작할 때 주변 친구들과 비교해 일찍 독립했다는 생각에 우쭐했다. 첫 번째, 두 번째 매장은 스포츠센터 내의 골프, 스포츠용품 판매점이었다. 가만히 앉아서 오는 손님만 응대하며 판매해도 수입이 월급쟁이보다 나았다. 두 번째 매장은 직원관리가 안 돼서 곧바로 다른 분께 넘겼다. 그때쯤 지인의 권유로 골프용품 영업을 시작했다. 영업하면서 전 직장 동료가 오픈한 작은 골프숍이 장사가 잘되는 것을 보고 덩달아 골프숍을 오픈했다. 지금 생각해보면 참 어리석었다. 남의 말만 듣고 아무런 준비도 없이 시작했다. 결과는 뻔했다. 계약 기간이 만료

되기도 전에 골프숍을 접었다.

얼마 후 골프연습장을 오픈한다는 소식을 듣고 초입에 매장을 열었다. 이때는 한술 더 떠서 동업을 했다. 오픈한다는 골프연습장 준공이 계속 미뤄져서 동업자와 나는 손해가 막심했다. 골프숍 문을 닫고 영업만 할 요량으로 임대료가 저렴한 상가 2층으로 이전했다. 장사에 미련이 남아서 자리가 넓은 2층을 매장으로 꾸몄다. 이 창고 겸 매장이 앞에서 얘기한 골프가방이 쌓여 있던 곳이다. 각종 행사에 쫓아다니며 손실을 만회해보려고 애썼지만 쉽지 않았다.

매장 운영의 실패, 가방 제조·유통의 실패로 나는 숨을 쉴 수가 없었다. 하루건너 원금과 이자를 상환해야 했다. 괴로움을 잊기 위해 술을 진탕 마시면서 하루하루를 보냈다. 주변의 권유로 급기야 개인회생을 신청했다. 날마다 채권자들 전화에 시달리며 전전긍긍했다. 나이 마흔에 인생의 밑바닥을 경험했다. 자괴감과 분노가 가득했다. 한마디로 제정신이 아니었다.

그 무렵 잠실에 있는 테마파크는 오후 4시가 되면 자유이용권을 1만원으로 할인해주었다. 그래도 아빠라고 초등학교, 유치원에 다니는 아들딸과 함께 종종 갔다. 그곳의 식당은 음식값이 비싸서 집에서 김밥을 싸 사람들이 별로 없는 한적한 곳에서 먹었다. 아이들이 솜사탕을 보면 사달라고 떼를 썼다. 그럴 때마다 아이들에게 윽박질렀다. 지금도 그때를 생각하면 울컥해진다. 그게 한이 되어서인지 아이들과 테마파크에 마지막으로 갔을 때는 아이들이 원하는 것을 다 사주고 뷔페에서 저녁

긍정 확언

— 나는 모든 일이 잘 된다.

— 내가 가진 것에 감사하다.

— 나는 풍요롭다.

— 나는 돈을 현명하게 사용한다.

— 내 수입은 꾸준히 증가한다.

을 먹고 왔다.

그렇게 운영하던 매장을 접고 등록해둔 상표에 관심을 보이는 분을 만나 많은 도움을 받았다. 사이버대학에 편입하여 공부도 다시 시작했다. 이렇게 뭔가 일이 되려나 싶었다. 그러나 얼마 후 상표권 취소 소송에 패소해 그나마 남아있던 멘탈이 탈탈 털렸다. 그때 교통사고를 당했다. 10일 입원하는 동안 책을 접하게 되었다. 책을 읽으며 마음을 다잡았다. 다시 도전하고픈 마음이 생겼다. 전보다 조심스러웠지만 더 왕성하게 사람을 만나고 일을 했다. 간절하게 두드리니 문이 열리기 시작했다. 영업할 수 있는 상품을 제공받아 말일 결제하는 시스템으로 열심히 영업을 다녔다. 큰 욕심을 버리고 만 원 남는 것을 1,000개 판다는 생각으로 발품을 팔았다. 그렇게 몇 년 하니 다시 일어설 수 있었다. 급하게 서두르지 않았다. 이제는 망하지 않는 법을 안다. 멘탈도 강해졌다.

남들이 보면 나는 아직 부자가 아닐 수도 있다. 하지만 나는 부자다. 내가 사고 싶은 것, 먹고 싶은 것, 하고 싶은 것에 부족함이 없다. 나는 더 성장할 수 있기에 당당하게 부자의 길을 가고 있다.

스노우폭스 김승호 회장은 《돈의 속성》에서 이렇게 말했다. "천천히 부자 되는 것이 가장 빨리 부자 되는 길이다." 나는 이 말의 의미를 잘 안다. 조급해하지 말아야 한다. 서두르지 말고 기본에 충실하자.

MIRACLE MENTAL

★ 조금 늦더라도 기본을 충실하게 다져야 멘탈이 강해진다.

★ 일이든 공부든 서두르지 말고 차근차근해야 한다.

★ 힘을 빼고 생각하면 시야가 넓어져 판단력이 좋아진다.

★ 조급함을 버리고 힘을 뺀 상태에서 꾸준히 해야 멘탈이 편해진다.

★ 과정을 무시하고 빨리 원하는 결과를 얻을 수는 없다.

3장

멘탈의 단련술

IRON MIND 17 IRON WILL

편하게 휴식해야 멘탈이 관리된다

2017년 OECD에서 발표한 자료를 보면 우리나라 근로자의 연평균 근로시간은 2,024시간이다. OECD 36개 가입국 중 멕시코 다음으로 근로시간이 길다(그림1 참조).

OECD 36개국의 연평균 근로시간은 1,746시간으로 우리나라는 이보다 278시간 더 일한다. 이를 하루 근로시간 8시간으로 나누면 35일, 한 달 평균 20일 근무한다고 가정하면 한 달 반 정도 더 일하는 셈이다. 일개미라고 알려진 일본 사람들은 오히려 OECD 평균보다 더 적게 일한다.

그렇다면 시간당 노동생산성은 어떨까. 우리나라는 OECD 36개국 중에 29위다. 일하는 시간은 많은데 시간당 노동생산성은 낮다. 〈그림

그림1

주요 국가별 연평균 근로시간(2017)

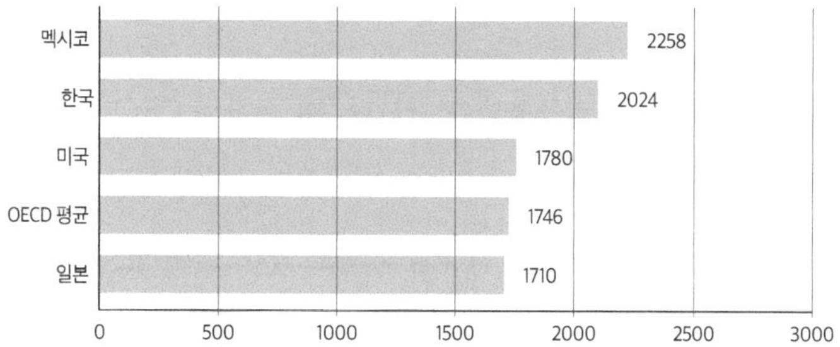

그림2

시간당 노동생산성(USD, 2017)

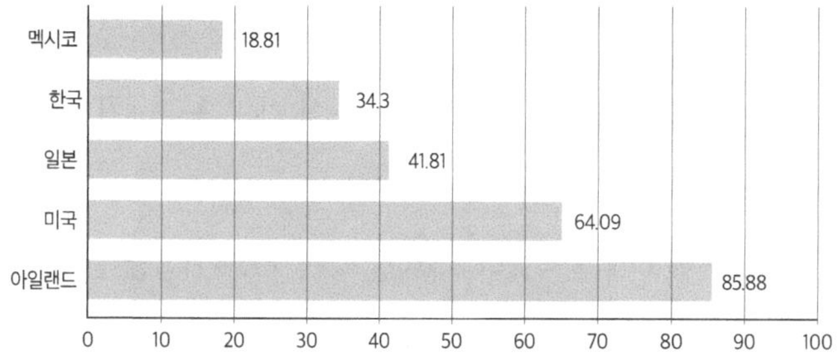

2)를 보면, 미국과 일본은 우리나라보다 적게 일하지만 노동생산성은 높다. 수치상으로 보면 우리나라는 일의 능률이 현저히 떨어지는 것을 알 수 있다.

일의 능률을 올리려면 열심히 일한 만큼 휴식도 필요하다. 에너지를 소모한 만큼 충전해야 한다. 그런데 우리나라 사람들은 일을 열심히 하지만 시간당 노동생산성은 낮고, 휴식을 잘하는 법도 모른다. 일을 멈추고 쉬면서도 스마트폰을 들여다본다. 휴식할 때는 온전히 쉬어야 한다.

온전히 휴식해야 일도 잘되고 멘탈도 좋아진다.

풋조이는 세계적인 골프용품 브랜드다. 이 회사의 CEO 짐 코너는 일에 대한 강박관념을 가지고 있었다. 그는 상담사에게 이렇게 말했다. "나는 감정을 억누르며 정서적인 고통을 참고 있다. 삶이 힘든데도 변화를 꾀하지 않는다. 소모된 에너지를 회복하는 것을 종종 무시한다. 이런 삶을 반복하고 있다."

상담사는 그에게 사무실에 제일 먼저 출근하고 가장 늦게 퇴근해야 한다는 강박관념에서 벗어나라고 권했다. 짐 코너는 일의 효율을 높이기 위해 본사와 집에서 가까운 공장을 번갈아 가며 출근하기 시작했다. 출퇴근 시간이 왕복 90분이나 단축되었다. 공장의 사기도 올라갔다. 그리고 주중에는 편하게 휴식했다. 휴식할 때는 90분마다 알람 설정을 해 놓고 규칙적으로 과일을 먹고 물을 마시는 루틴에 적응했다. 휴식 루틴을 통해 생산성이 향상되었고 사고의 질이 개선되었다. 업무는 큰 틀에서 처리하고 세부적인 것에 신경 쓰는 것을 줄였다. 의식적으로 생각할 시간과 휴식시간을 만들었다.

자연에서 힐링한다

소파나 침대에 누워 스마트폰을 들여다보고 게임을 하는 것은 진정한 휴식이 아니다. 몸이 경직되었다면 잠깐이라도 스트레칭을 하여 최

긍정 확언

— 나는 몸과 마음을 편하게 휴식한다.

— 나는 열심히 일한 만큼 휴식도 잘 한다.

— 나는 에너지를 소모한 만큼 충전한다.

— 나는 일이 많아도 짬짬이 휴식을 취한다.

— 나는 미디어에 집중하는 시간을 줄이고 자연을 만끽한다.

대한 이완시켜 풀어줘야 한다. 허리를 펴고 앉아서 심호흡을 하고 기분 좋은 상상을 하자. 바닷가를 걷는 상상도 좋다.

자연은 멘탈이 편안해지도록 산소를 불어 넣어준다. 영화 〈귀여운 여인〉에서 줄리아 로버츠는 일에만 몰두하는 리처드 기어를 작은 공원으로 데려간다. 돗자리 위에서 책을 읽는 리처드 기어의 신발을 벗겨 발을 잔디에 올려놓는다. 도심 속 작은 공원이나 빌딩에 있는 하늘정원에서도 자연을 느낄 수 있다. 휴식은 복잡한 마음을 한결 깨끗하게 정화시켜 준다.

충분한 수면을 취하고 규칙적으로 운동할 시간을 만들어야 한다. 운동이 무슨 휴식이냐고 반문할 수도 있겠지만 운동은 정신 집중과 육체 에너지를 충전하는데 꼭 필요하다. 운동하면 체력이 좋아지고 지구력이 강화된다. 이는 만성 피로를 예방해준다. 격렬한 운동을 하면 성취감을 느끼고 스트레스도 해소할 수 있다.

★ 온전한 휴식을 위해 미디어를 차단하고 자연을 만끽해보자. 자연은 멘탈에 산소를 불어 넣어준다.

★ 규칙적으로 시간을 정해 수분을 섭취하고 운동하고 명상한다.

★ 몸이나 생각이 경직되어 있다면 심호흡, 명상, 스트레칭으로 최대한 이완시켜 풀어준다.

★ 충분한 수면이 최고의 휴식이다.

★ 운동은 정신 집중과 에너지를 충전하는데 꼭 필요하다.

★ 휴식을 잘하면 일의 능률이 오르고 멘탈도 강해진다.

IRON MIND 18 IRON WILL

부정적 피드백을 잘 수용해야 자존감이 올라간다

누군가 부정적인 충고를 하면 당시에는 기분이 나쁠 수 있다. 기분 나쁜 충고를 듣고 감정에 휘말리면 한동안 좋지 않은 기분으로 생활한다. 그 말들이 머릿속을 헤집고 나를 괴롭힌다. 이때 감정을 가다듬고 제3자의 입장에서 객관적으로 판단하기가 쉽지 않다. 인정할 수 없는 충고는 한 귀로 듣고 한 귀로 흘려버리면 되는데 쓸데없이 감정낭비를 한다. 객관적으로 인정할 수 있는 충고는 수용하면 된다. 내가 모르는 단점을 인정하면 고칠 수도 있고 장점으로 만들 수도 있다. 부정적인 피드백을 잘 걸러서 받아들이고 이겨내면 자존감과 멘탈이 강해진다.

자존심과 자존감은 엄연히 다르다. 자존감은 자아를 존중하는 마음이다. 자존감이 높다는 것은 자신을 존중한다는 의미다. 자존감이 높은 사람은 자신의 부정적인 면을 인정할 줄 안다.

"이런 점은 고치고 싶은데 잘 안되네."

"그래, 얘기해줘서 고마워."

반면에 자존심은 남에게 굽히지 않고 자기 스스로 품위를 높이는 마음이다. 자존심만 강한 사람은 남에게 굽히기 싫어 자신의 부정적인 면을 인정하지 않는다.

"네가 뭔데 나한테 충고하는 거야. 너나 똑바로 살아."

"내가 뭘 어쨌다고 그런 말을 해."

누군가 자신에게 부정적인 충고를 하면 자신이 알고 있더라도 인정하기 싫은 것이다. 쓸데없는 자존심을 버려야 자신을 객관적으로 볼 수 있다.

오래전에 나는 고집이 세고 자존심만 강했다. 충고를 귀담아듣지 않았다. 나만 잘났다고 생각했다. 주변에서 조언이나 충고를 하면 "네가 나에 대해서 뭘 안다고 그래?" 하며 언성을 높였다. 충고해준 사람을 "자기나 똑바로 살지." 하며 뒷담화하기도 했다. 지금 생각해보면 혼자 매장에 앉아 손님을 기다리며 멍하게 혼자만의 생각에 갇혀 있어서 그런 것 같다. 그러다 보니 누군가 일에 대해 조언을 해주어도 '내 상황을 알지도 못하면서 저런 소리를 하냐.'며 남의 말을 절대로 인정하지 않았다.

제3자의 입장에서 생각하면 좀 더 객관적으로 나를 볼 수 있다. 부정적 피드백을 준 사람의 인격이나 배경을 떠나서 충고한 내용만 생각하자. 충고한 사람에게 악감정을 가질 필요는 없다. 관계만 어색해질 뿐이다. 조금 지나면 충고한 사람도 그 말을 한 것조차 잊어버린다. 인정할 건 인정해버리면 내 맘도 편하고 관계에도 아무런 문제가 없다. 자신의 포용력에 감탄하며 자존감이 올라가게 된다.

부정적 피드백에 상처받지 않는다

부정적 피드백은 단점에 대한 충고일 수도 있고 행동에 대한 단순한 지적일 수도 있다. 이때 부정적 피드백을 글로 적어보자. 글로 적으면 제3자의 입장에서 볼 수 있고 객관화가 쉬워진다. 내가 고쳐야 할 것을 인정했다면 고칠 수 있는 방법도 글로 적어보자. 평소에 내가 고치고 싶어 했던 것일 수도 있다. 고치고 싶었던 것을 누군가 얘기했다면 오히려 단점을 보완하는 방법을 되물을 수도 있다.

"내가 어떻게 하면 좋겠니? 좋은 방법을 알려줄래?"

얼마나 쉬운가? 이렇게 말할 수 있는 사람이야말로 자존감이 높고 최강 멘탈을 가진 사람이다.

부정적인 피드백은 고칠 수도 있고 장점으로 만들 수도 있다. 내가 감정적으로 받아들였기에 부정적 피드백으로 느끼는 것뿐이다. 피드백은 좋다, 나쁘다로 말할 수 없다. 관점을 바꾸면 얼마든지 달라질 수 있다. 피드백이 부정적으로 들릴 때는 내 사고방식을 바꿔보자.

"넌 참 사차원이야."

이런 말을 들으면 처음에는 기분이 나쁠 수 있다. 그러나 '내가 독특한가 보구나. 내 관점이 남다르긴 하지.'라고 유연하게 받아들이면 창의적인 사람이라는 칭찬으로 들을 수도 있다.

★ 뚜렷한 가치관이나 목표가 있다면 부정적 피드백을 걸러서 받아들일 수 있다.

★ 부정적 피드백에 상처받지 않아야 한다.

★ 부정적 피드백을 한 귀로 듣고 한 귀로 흘릴 줄도 알아야 감정 낭비를 하지 않는다.

일론 머스크는 학창시절이 고통스러웠다고 한다. 항상 자기만의 생각에 빠져 남의 말을 흘려들어 귀머거리냐는 놀림을 받기도 했다. 그는 독특한 세계관으로 만화와 공상과학 책에 관심이 많았다. 컴퓨터 프로그래밍에 재능이 있던 그는 아는 체해서 친구들 사이에서 괴롭힘과 왕따를 당했다. 동급생들이 그를 계단에서 밀어뜨린 뒤 폭행하여 2주간 병원 신세를 지기도 했다. 그는 학생 시절 부모의 이혼으로 아버지와 살았는데 강압적인 아버지에게 상처를 많이 받고 자랐다. 1989년 캐나다로 이주해 어머니와 살기 전까지는 고통의 날들이었다.

일론 머스크가 얼마나 많은 부정적 피드백을 받고 자랐을지 상상만 해도 끔찍하다. 그러나 그는 수많은 부정적 피드백을 걸러내고 이겨냈다. 앞으로 10년쯤 후에 사람들을 화성에 보낼 꿈을 얘기한다. 대단한 자존감과 멘탈로 세상을 움직이고 있다.

살다 보면 주변에서 갖가지 부정적 피드백을 받게 된다. 이때 감정을 앞세우지 말고 객관적으로 받아들여야 멘탈이 흔들리지 않는다. 부정적인 피드백을 글로 적어보면 좀 더 냉정하게 볼 수 있다. 피드백을 받았을 때 자신의 단점에 관한 것이면 인정하고 고칠 수 있다. 그 단점을 다른 시각으로 바꿔 장점으로 만들 수도 있다. 이렇게 부정적 피드백을 잘 받아들이면 자존감도 올라가고 멘탈이 강해진다.

★ 남에게 들은 부정적 피드백을 객관적으로 생각해야 한다.

★ 부정적인 피드백을 듣더라도 감정을 앞세우지 말아야 한다.

★ 자존감이 높은 사람일수록 자신에 대한 부정적인 피드백을 인정할 줄 안다.

★ 부정적인 피드백을 글로 적으면 좀 더 객관적으로 볼 수 있다.

★ 부정적인 피드백을 받았을 때 자신의 단점에 관한 것이면 인정하고 고칠 수 있다. 그 단점을 다른 시각으로 바꿔 장점으로 만들 수도 있다.

★ 부정적 피드백을 잘 걸러서 받아들이면 자존감이 올라간다.

★ 개념 없는 피드백은 한 귀로 흘려보내야 감정을 낭비하지 않는다.

★ 나만의 가치관이나 목표가 있다면 부정적 피드백을 이겨낼 수 있다.

★ 부정적 피드백에 잘 대응하면 멘탈이 강해진다.

IRON MIND 19 IRON WILL

몰입은 일을 진정으로 즐겨야 가능하다

스포츠 경기를 보면 온전히 게임에 몰입하는 선수의 모습을 볼 수 있다. 그 선수는 목표나 결과를 의식하지 않고 눈앞의 할 일에만 집중한다. 몰입과 같은 이상적인 심리상태를 '존(zone)'이라고 한다. 어떤 것에도 방해받지 않고 실력을 100% 발휘하면 존 상태에 빠졌다고 한다. 이런 선수들은 매 순간을 즐기고 집중하며 자신의 실력을 최대로 발휘한다.

2020년 LPGA닷컴의 편집장인 스티브 유뱅크스는 미국 LPGA에서 활약하는 김세영 선수에게 "김세영은 '존'을 찾았다. 그 존은 점점 커지고 있다."라며 찬사를 아끼지 않았다. 그는 존 상태에 대해 이렇게 언급했다. "존은 어떻게 걷는가, 어떻게 호흡하는가, 어떻게 생각하는가, 무엇을 느끼는가에 관한 것이다. 그것은 누가 뒤에서 쫓아와도 적시에 훌륭한 샷을 날릴 만큼 실력이 뛰어나다는 것을 아는 자신감이자, 선두의 불편함을 끌어안고 압박감을 응시하며 어쨌든 실행하는 능력이다."

김세영의 캐디 폴 푸스코도 김세영에 대해 이렇게 말했다. "KPMG 여자 PGA 챔피언십에서 김세영은 무엇을 해야 하는지 알고 있었다. 나의 조언이 필요가 없을 정도로 혼자서 훌륭하게 해냈다. 내가 번호를 알려주면 그녀는 클럽을 잡고 가버렸다. 퍼팅은 4일 내내 두 번이나 물어봤을까. 김세영은 자기가 뭘 하고 있는지 확실히 알고 있었다."

존 상태에 빠지면 자신이 무엇을 해야 하는지, 무엇을 하고 싶은지를 분명히 알고 최고의 실력을 발휘한다.

몰입은 지금 이 순간에만 집중하는 것이다. 그러나 집중하려고 할 때 머릿속에 갖가지 생각이 들어온다. 일어나지 않은 일에 대한 생각과 걱정으로 집중이 안 된다. 잡념이 생기지 않게 하려면 눈앞의 일부터 먼저 해야 한다. 해야 할 것이 너무 많아서 무엇에 먼저 집중해야 할지 몰라 우왕좌왕할 때도 있다. 이때는 분량을 정해 그 분량만큼만 집중하면 몰입을 할 수 있다. 이렇게 눈앞의 일에만 집중하다 보면 점점 몰입하는 범위가 커진다.

한 번에 한가지씩 집중해야 몰입이 잘된다

공부나 일에 집중하려고 해도 '시험에 합격할 수 있을까?', '이번 목표를 꼭 이뤄야 할 텐데'라는 생각이 끼어든다. 아직 일어나지도 않은 결과나 목표를 먼저 생각하게 된다. 이렇게 결과나 목표에 신경 쓰면 지금 해야 할 일에 온전히 집중할 수 없다.

감정도 집중을 방해한다. '오늘은 하고 싶지 않아.' '기분이 내키지 않아.'라는 감정으로는 집중할 수 없다. 집에서 가족과 말다툼하고 출근하면 감정이 상해 일이 손에 안 잡힌다. 이렇게 생각과 감정은 집중을 방해한다. 이때 지금 눈앞에 있는 작은 일이라도 시작하면 집중하기 쉽다. 일단 일을 시작해 집중하다 보면 생각과 감정에 상관없이 몰입할 수 있다.

또 해야 할 일이 많거나 광범위하면 무엇부터 해야 할지 모를 때가 있다. 이때 집중할 시간과 분량을 작게 나눠 그 일에만 집중하면 몰입을 할 수 있다. 지금 해야 할 공부 범위를 정하고, 끝내야 할 일의 분량을 정하면 된다. 학교에서 공부할 때 수업 시간과 쉬는 시간이 있듯 해야 할 일에 시간과 분량을 정하면 집중이 잘된다. 이렇게 해야 할 것을 분량을 쪼개 일을 하면 집중하기 쉽고 몰입이 잘된다. 어느 순간 몰입상태에 빠져 시간 가는 줄도 모르는 자신을 볼 수 있게 된다. 몰입상태에 빠지는 것이 자연스러워지면 멘탈이 강해진다.

몰입해서 성과를 내는 사람들은 지금 하는 한 가지 일에만 집중한다. 딱 그 일에만 집중하고 끝나면 다른 일에 또 집중한다. 한 번에 한 가지 일에만 몰입해서 끝내고 다음 단계로 넘어간다. 이렇게 반복적인 경험

긍정 확언

—나의 잠재력은 무한하다.

—나의 재능은 충분하다.

—나는 언제나 배우는 것이 즐겁다.

—나에게는 아이디어가 많다.

—나는 새로운 일을 시도한다.

—나는 날마다 어제와 다른 일을 한다.

—나는 모든 일을 즐긴다.

을 하다 보면 몰입하는 횟수와 시간이 늘어난다. 한번에 많은 일을 하면 집중과 몰입이 안 된다. 멀티태스킹은 집중을 방해하고 몰입할 수 없게 만든다.

1950년대에 맨체스터공대 에드워드 콜린 체리 교수는 멀티테스킹이 유효한지 실험했다. 관련 학계의 대표적 실험인 '칵테일파티 실험'이다. 이 실험은 파티에서 누군가와 대화하면서도 옆에서 하는 대화를 엿듣는 것에서 착안했다. 실험 참가자들에게 헤드폰을 주고 양쪽 귀에 각기 다른 내용을 들려줬다. 참가자들의 임무는 오른쪽 귀로 들리는 내용만 주의 깊게 들은 뒤 말해주는 것이었다. 체리 교수는 이때 왼쪽 귀로 들은 내용을 얼마나 기억하는지 알고 싶었다. 참가자들은 왼쪽 귀로 들은 내용을 제대로 기억하지 못했다. 왼쪽 귀에 들린 목소리가 남자인지, 여자인지도 기억하지 못하는 사람도 있었다. 심지어 왼쪽 귀에 들린 말소리가 어느 나라 말인지조차 기억하지 못했다. 이 실험을 통해 체리 교수는 "멀티태스킹은 불가능하고 허상에 지나지 않는다."라는 결론을 내렸다. '한 귀로 듣고 한 귀로 흘려보내라.'가 아니라 '한 귀는 듣고 한 귀는 흘려보낸다.'인 것이다.

멀티태스킹 전문가 데이비드 스트레이어도 멀티태스킹에 관한 실험을 했다. 그 결과 실험 참가자의 약 2.5% 정도는 특별한 재주를 가졌다고 했다. 이는 보기 드문 현상으로 유전적인 요인이 크다고 한다. 그는 특별한 재주가 없다면 멀티태스킹보다는 한 가지 일에 집중해 몰입하는 것이 효율적이라고 했다.

각종 스마트 기기를 통해 최신 미디어를 접하면서 사람들은 산만해지고 있다. 산만함은 집중력의 최고의 적이다. 지금 무엇을 하고 있는지 확실히 알아야 한다. 이것저것 하다 보면 이도 저도 안 된다. 한 번에 한 가지씩 해야 몰입할 수 있고 최고의 능력을 발휘하고 멘탈도 강해질 수 있다.

자신이 하고 싶은 일이 무엇인지 모르는 사람을 주변에서 흔히 볼 수 있다. 일을 할수록 힘들고 재미없다면 진정으로 원하는 일이 아니다. 원하지 않고 좋아하지 않는 일을 하면 집중이 안 된다. 하고 싶은 일이 따로 있다면 그 일을 해야 집중도 잘 되고 몰입상태에 빠지기도 쉽다. 진정으로 좋아 하는 일을 할 수 있으면 그것만큼 행복한 일도 없다.

★ 결과나 목표를 의식하지 않고 지금 하는 일에만 집중한다.

★ 해야 할 일이 광범위하면 일을 쪼개 범위를 작게 만든다. 지금 바로 시작해보자.

★ 눈앞의 일에만 집중하면 생각과 감정이 비워지고 몰입이 잘 된다.

★ 한 번에 한 가지씩 한다. 멀티태스킹은 주위가 산만하여 집중하지 못한다.

★ 지금 하는 일을 충실히 하고 진정으로 하고 싶은 일이 생기면 도전해보자.

★ 자신이 진정으로 원하는 일을 하면 자동으로 몰입이 된다.

★ 일을 할 때 즐기면서 집중하면 몰입이 쉽다.

★ 몰입상태가 되면 자신이 가진 능력을 100% 발휘할 수 있어 최강 멘탈이 된다.

거절할 때는 확실하게 거절하고 그때그때 감정을 푼다

남에게 폐를 끼치면 안 된다는 것을 알면서도 무리한 요구를 하는 사람들이 있다. 상대방의 사정이나 기분만 헤아려 줄 수는 없다. 내 상황이나 감정을 무시할 수는 없는 노릇이다. 상대방이 조금 불편해하더라도 내 상황이나 감정을 상대방에게 솔직하게 표현해야 한다.

상대방에게 거절하지 못하는 것을 배려라고 착각해서는 안 된다. 자신이 잘하지 못하거나 받아들일 수 없는 상황에서 거절하지 못하면 일이 더 복잡해진다. 억지로 부탁을 들어주었지만 상대방의 기대에 부응하지 못하거나 일을 그르칠 수도 있다. 자신의 상황을 정확하게 표현하고 거절해야 서로 피곤한 일이 생기지 않고 관계도 유지된다.

상대방의 의견에 동의할 수 없을 때도 생각이 다르다고 말할 수 있어야 한다. "아니오."라고 확실하게 말해야 불편한 감정에서 벗어나고 멘탈이 건강해진다.

자신의 감정과 의견을 분명히 말한다

상대방의 사회적 지위에 압도당해 불합리한 상황에서도 거절하지 못하는 경우가 종종 있다. 상대가 가진 외적 조건에 두려움을 느끼거나 자신의 이미지를 지키려고 거절하지 못하는 것이다.

'만약 거절하면 나를 어떻게 생각할까?'

'내가 거절하면 다른 기회를 안 주겠지?'

두려운 마음을 이겨내고 자신의 감정을 솔직하게 말해야 한다. 거절을 부정적인 것이라고 생각하지 말고 의사 표현의 하나라고 생각해야 멘탈이 강해진다.

자신의 마음을 정확하게 들여다봐야 무엇을 두려워하는지 알 수 있다. 자신의 이미지를 지키려고 거절을 못 하는지, 거절하면 무엇을 잃을까 두려운지 알아야 한다. 두려움에 끌려다니면 점점 더 거절하기 어려워진다.

나는 친구가 점장으로 일하는 세계 최대 규모의 골프연습장에 주말 행사를 나갔다. 내가 납품한 상품이 많이 팔려나가고 이윤도 좋았다. 그렇게 재미를 보니 꾸준히 주말마다 행사를 도왔다. 친구와 함께 일하니 재밌기도 했다. 아이들이 한창 아빠와 놀기를 바랄 때인데도 주말을 항상 거기서 보냈다. 가족한테는 미안했지만 돈을 번다는 핑계로 주말마다 집을 비웠다.

시간이 흘러 점점 매출이 줄어들기 시작했다. 주말 행사에 더는 의욕이 없어졌다. 해마다 봄이 되면 행사를 그만하고 싶다고 친구에게 얘기하고 싶었다. 그러나 일할 사람이 부족해서 내가 나가지 않으면 친구가 힘들어지는 상황이었다. "같이 하자." "도와 달라."는 말을 거절할 수 없었다. 그 일을 하게 도와준 친구에게 그만하겠다는 말을 차마 할 수 없었다. 그렇게 질질 끌면서 14년을 했다. 보험 컨설팅을 하게 되면서 그만하겠다고 말할 수 있었다. 우정이나 돈을 떠나 거절해야 할 때는 거절해야 한다. 거절하지 못하면 삶이 피곤해진다.

거절이 두려운 이유를 머릿속으로 찾기 어려우면 글로 적어보자. 두려움을 밖으로 꺼내 기록하면 두려움의 실체를 정확히 알 수 있다. 두려운 감정을 객관적으로 냉정하게 판단해야 거절할 수 있는 용기가 생긴다.

멘탈의 연금술

거절은 의사 표현의 하나일 뿐이다. 거절을 부정적인 것이라고 생각하지 않아야 한다. 제안을 받아들일 수 없으면 편하게 대화하면서 거절 의사를 표현해야 한다. 이렇게 해야 두려움이라는 감정이 사라진다.

로마의 철학자 에픽테토스는 "우리를 혼란에 빠뜨리는 것은 사건 자체가 아니라 사건을 대하는 우리의 해석이다."라고 했다. 이 말은 거절 자체가 아니라 거절 이후의 일을 미리 걱정한다는 것이다. 일어나지도 않은 일을 미리 걱정하면 두려워진다. 거절하고 싶은 제안은 이런저런 생각을 하지 말고 거절해야 한다. 두렵다고 생각하여 못하던 거절을 하면 다음에는 좀 더 쉽게 할 수 있다. 두려움을 이겨내면 적극적으로 자신의 감정과 의견을 표현할 수 있게 되고 멘탈이 강해진다.

거절하는 방법

거절을 못 하는 사람들은 대부분 '착한 사람 콤플렉스'가 있다. 거절할 상황에서 거절하지 못한 후 자신을 탓하며 스트레스를 받는다. 어디 가서 말도 못 하고 답답하지만 어쩔 도리가 없다. 심한 경우는 자신을 만만하게 보는 사람의 의도를 알면서도 거절을 못하기도 한다. 자존감이 약하면 그럴 수 있다. 강한 자아를 만드는 법과 거절하는 법을 통해 최강 멘탈을 만들어보자.

❶ 쉽게 따라 할 수 있는 강한 자아 만드는 방법

자연스럽게 느낀 감정을 큰 소리로 말해보자. 어떤 감정이건 느낀 대로 표현해보자. 화가 나면 화가 났다고, 기분이 좋으면 기분이 좋다고 표현한다. 이때 감정의 주체인 '나'를 강조해 표현한다.

"나는 지금 기분이 좋다."

"나는 지금 화가 난다."

상대방과 의견이 다르면 자신의 의견을 표현하자. 대화 중에 침묵은 의견에 동의한다고 생각하게 만든다. 다른 건 다르다고 얘기를 해야 상대방이 알아듣는다.

칭찬은 감사히 받아들이자. "별거 아닙니다." "운이 좋았습니다."처럼 자신을 낮추지 말고 "감사합니다."라는 말로 칭찬을 받아들이자.

② 반드시 거절해야 할 상황들

자신을 만만히 보고 이용하는 사람의 부탁은 거절해야 한다. 이용당한다는 생각이 들 때는 거절해야 한다. 일을 했는데 전혀 보상이 없거나 부당한 취급을 당해도 거절해야 한다. 자신의 능력 밖에 일도 거절해야 한다. 호기를 부려서는 안 된다. 컨디션이 좋지 않을 때는 정중히 거절해야 한다. 이렇게 거절해야 할 때를 알고 적절히 거절을 잘해야 불편한 감정이 쌓이지 않는다.

③ 거절할 때 한 번쯤 생각해 볼 것들

거절은 적시에 해야 한다. 거절은 분명하고 구체적으로 해야 한다. 어설프게 얼버무려서는 안 된다. 부탁을 승낙하기 전에 항상 감정을 확인하고 가치관에 어긋나면 거절해야 한다. 거절했을 때 상대방과 갈등이 생기거나 불편해질 수도 있다. 그래도 분명하고 단호하게 의사 표현을 해야 한다. 거절할 때 가장 중요한 것은 자신의 가치관과 감정이라는 것을 확실히 알아야 한다.

④ 거절도 표현과 타이밍이 적절해야 한다.

거절할 때는 표현을 정확하게 해야 한다. 구시렁대거나 툴툴대면 불평하는 것처럼 들려 오히려 좋지 않다. 바로 거절하지 않고 상대방이 없는 자리에서 말하면 험담이 될 수도 있다. 상대방에게 자기 생각을 자연스럽고 당당하게 표현해야 감정이 상하지 않는다. 당당하지 못하면 적절한 표현과 타이밍을 잡을 수 없게 된다. 처음에는 조금 불편하더라도 당당하게 거절해야 결국 상대방도 편하고 나도 편해진다.

MIRACLE MENTAL

★ 자신에게 당당해야 상대방에게도 당당하게 거절의 표현을 할 수 있다.

★ 거절해야 할 때 거절하지 못하면 감정이 불편해진다.

★ 두려움을 이겨내고 분명하게 거절해야 한다.

★ 상황에 압도당하거나 불이익이 올까 봐 억지로 승낙하면 안 된다.

★ 하기 싫고, 하지 않아도 될 일은 거절해야 한다.

★ 거절을 부정적으로 생각하지 말고 의사 표현이라고 생각하자. 거절하지 못하여 불편한 감정이 쌓이면 나만 손해다.

★ 적시에 명확하게 거절할 줄 알아야 불쾌한 감정이 쌓이지 않고 멘탈이 단단해진다.

★ 자신의 가치관에 어긋나는 것은 확실하게 거절해야 한다.

IRON MIND 21 IRON WILL

호흡 관리로 멘탈을 단련한다

지구의 모든 생명체는 태어나서 죽을 때까지 호흡하며 산다. 생과 사는 호흡을 하는지 안 하는지로 나누어진다. 호흡을 잘 조절하면 삶의 질을 바꿀 수 있다. 호흡을 의식적으로 멈출 수도 있고, 빨리 할 수도 있고, 천천히 할 수도 있다. 잠을 잘 때는 무의식적으로 숨을 쉬기도 한다. 이렇게 호흡은 의식과 무의식의 연결고리다.

호흡은 우리 몸에 중요한 역할을 한다. 숨을 내쉴 때는 몸에 쌓인 이산화탄소를 비롯해 각종 해로운 물질들을 내보낸다. 숨을 들이마실 때는 산소를 체내에 공급한다. 어떻게 호흡을 하느냐에 따라 건강을 해칠 수도 있다. 입으로 숨을 쉬는 것이 바로 그것이다. 입으로 숨을 쉬면 입이 마르고 세균에 노출될 수 있다. 이로 인해 충치가 생기고 편도선이 감염되기 쉽다. 또한 아래턱이 들어가고, 안면 비대칭이 될 수도 있다.

입으로 숨을 쉬고 있는지 의심스럽다면 입을 막고 숨을 쉬어보자. 또는 휴지 등을 입에 대고 숨을 쉬어보자. 불편하거나 휴지가 축축하다면 입으로 숨을 쉬는 것이다. 이렇게 무의식적으로 숨을 쉬었다면 고쳐보자.

① 반듯하게 서서 코로 숨을 3초 정도 들이마신다.
② 이때 가슴보다 배가 볼록해지게 복식호흡으로 들이마신 후 천천히 5~6초 정도 내쉰다.
③ 느리고 깊은 복식호흡을 의식적으로 한다.

이렇게 하면 입으로 숨 쉬는 것도 고치고 복식호흡의 효과도 얻을 수 있다. 복식호흡은 심폐기능 향상, 스트레스 해소, 체지방 및 콜레스테롤 수치 감소에 효과가 있다.

릴렉스한 상태란 호흡이 깊은 상태라고 할 수 있다. 의식적으로 깊은 호흡을 하면 긴장된 몸과 마음이 편안해진다. 평소에 스트레스가 많다면 호흡법을 관찰해보자. 아마도 호흡이 빠르다는 걸 느낄 수 있을 것이다. 호흡이 빠르다는 것은 호흡을 깊게 하지 않는 것이다.

사무실에 앉아 업무를 보거나 운전할 때는 긴장 상태를 유지하게 된다. 그러다 보면 얕고 빠르게 가슴으로 숨을 쉰다. 자신도 모르게 얕은 숨을 쉬고 있다면 천천히 깊은 호흡을 해보자.

짜증이 나고 분노가 올라오면 여러 가지 신체 반응이 나타난다. 호흡이 얕고 빨라지며, 심박수가 증가하고, 땀도 난다. 이렇게 감정이 치밀어 오를 때는 호흡을 살펴볼 필요가 있다. 잠깐 생각을 멈추고 천천히 깊은 호흡을 해보자. 긴장이 풀리고 신체 반응이 이완된다. 심호흡하는 것만으로도 감정을 조절할 수 있다. 단 몇 분 동안만 호흡을 느리게 해도 뇌파가 잔잔해지며 마음이 차분해진다.

뇌파는 파도와 비슷하다. 파도가 잔잔하면 바다가 잔잔하듯 뇌파가 잔잔하면 마음이 평온해진다.

자율신경의 균형으로 마음이 차분해진다

자율신경은 호흡, 순환, 대사, 체온, 소화, 분비, 생식 등 생명 활동의 기본이 되는 기능이 항상성을 유지하는 데 중요한 역할을 한다. 항상성은 살아 있는 생명체가 생존에 필요한 안정적인 상태를 능동적으로 유지하는 과정이다. 자율신경은 기능적으로 서로 다른 2종류의 신경으로 각 기관을 지배하고 있다. 그것은 교감신경과 부교감신경이다.

★ 교감신경은 우리 몸이 위급한 상황(공포, 분노, 갑작스런 심한 운동)에 대처

긍정 확언

— 나는 건강하다.

— 나는 복식호흡을 한다.

— 내 삶은 일과 휴식, 취미가 균형을 이룬다.

— 내 마음과 정신은 평온하다.

— 나는 집중력이 높다.

하는 작용을 한다.

★ 교감신경은 심박수와 혈압을 올리고 소화 기능을 억제한다. 교감신경이 과도하게 활성화되면 정서불안, 우울증 증상이 나타나기도 한다.

★ 부교감신경은 높아진 심박수와 혈압을 낮춰주고 소화 기능을 활성화한다. 부교감신경이 저하되면 소화불량, 불면증 등의 증상이 나타날 수 있다.

★ 숨을 들이마실 때는 교감신경이 활성화한다. 반대로 숨을 내쉴 때는 부교감신경이 활성화한다.

자율신경의 균형은 호흡의 길이로 조절할 수 있다. 들이마시는 숨의 길이와 내쉬는 숨의 길이를 같게 하면 자율신경의 균형이 잡힌다. 호흡할 때 5~6초 정도 코로 숨을 깊이 들이마시고 5~6초 정도 입으로 숨을 뱉는다. 숨을 들이마실 때는 배가 볼록해지도록 복식호흡을 하는 것도 잊지 말자. 이렇게 하면 자율신경의 균형을 맞출 수 있다. 자율신경이 균형을 이루면 피로감과 무기력이 크게 줄어들어 차분한 심리상태를 유지할 수 있다.

멘탈의 연금술

잠을 못 잘 때는 호흡을 잘하면 좀 더 쉽게 잠을 잘 수 있다. 호흡할 때 들이마시는 시간을 내쉬는 시간보다 조금 짧게 하면 부교감신경이 활성화한다. 예를 들어 4~5초 들이마시고 7~8초 내쉰다. 이렇게 하면 생리학적으로 잠이 잘 오는 신체환경이 된다.

마음을 차분하게 해주는 호흡법

마음이 차분해지고 싶을 때는 5~10 호흡법이 도움이 된다.

❶ 배가 볼록해지게 숨을 깊게 들이마신다.

❷ 숨을 내쉴 때는 숫자를 5까지 천천히 센다.

❸ 숨을 다 내뱉고 잠시 숨을 참는다.

❹ 다시 깊이 들이마시고 6까지 센다.

❺ 마지막에는 숨을 내쉬면서 10까지 센다.

이렇게 하면 마음이 차분해진다. 눈을 감고 해도 좋다. 주변에 크게 제약을 받지 않고 할 수 있다. 잠시 어지러울 수 있으므로 운전이나 일에 집중할 때는 하지 않는다.

5~10 호흡법은 과도한 스트레스로 폭발하기 일보 직전이나 불안감이 몰려올 때 하면 바로 효과를 느낄 수 있다. 또한 잡념으로 머리가 복잡하고 잠이 오지 않을 때도 효과 만점이다. 명상할 때도 조용히 앉아 이 호흡을 몇 번 반복한다. 이 호흡법으로 명상할 때는 주의 사항이 있다. 먼저 흥분하고 긴장된 마음을 가라앉혀 최대한 릴렉스하게 만들어야 한다. 등을 곧게 편 채로 숨을 뱃속 깊이 들이마시고 내쉰다. 자신의 호흡에만 집중한다.

나는 스트레스를 많이 받을 때 우연히 호흡명상을 접하게 되었다. 호흡명상을 하면서 혼란한 마음을 다스렸다. 특히 사업에 실패했을 때 매일 호흡명상을 했다. 그 시간에 마음을 가다듬고 새로운 사업을 구상할 수 있었다.

전전두엽은 뇌의 앞쪽에 위치해 무엇을 결정하고 기획하는 정신 작용을 담당한다. 명상하면 전전두엽이 활성화되어 주의력과 집중력이 향상된다. 이로써 일의 능률을 올릴 수 있다. 운동하면서 몸을 단련하듯 명상을 자주 하면 정신 활동에 좋고 멘탈이 단단해진다. 호흡명상으로 좋은 컨디션과 마음의 안정을 유지할 수 있다.

★ 코로 숨 쉬며 심호흡을 하면 긴장이 풀려 멘탈이 좋아진다.

★ 숨만 잘 쉬어도 우리 몸과 마음은 건강해진다.

★ 마음을 가다듬는데 호흡법이 필요하듯 몸 쓰는 일을 할 때도 호흡이 중요하다. 가령 웨이트 트레이닝을 할 때는 들숨과 날숨을 잘 쉬어야 한다.

★ 명상호흡으로 삶의 질을 바꿀 수 있다.

★ 호흡을 잘 조절하면 건강하고 성공한 인생을 살 수 있다.

★ 의식적으로 호흡을 잘 조절하면 멘탈을 강하게 만들 수 있다.

IRON MIND 22 IRON WILL

기질과 성격에 따라 멘탈 관리법이 다르다

우리는 예민하고 날카로운 성격, 느긋하고 부드러운 성격 등을 타고 난다. 기질은 성격을 이루는 성질로 유전적이고 생물학적인 감정의 패턴이다. 기질에 따라 뇌파의 유형도 달라진다. 기질에는 어떤 유형이 있는지, 우리의 각성상태에 어떤 작용을 하는지 알아보자.

★ 기질은 고대 그리스, 로마 시대로 거슬러 올라가서 짚어 볼 수 있다. 히포크라테스의 '사체액설' 이론에서는 질병을 체질과 환경의 영향이라 했다. 쉽게 말해 체액의 양에 따라 병의 원인이 된다는 이론이다. 사체액이란 혈액, 점액, 황담즙, 흑담즙 4가지 체액이다.

★ 인도에는 인간의 특성이 크게 3가지 '도샤'로 나뉜다는 '아유르베다'가 있다.

★ 중국에는 한증, 열증, 허증, 실증 등 '증'이라는 체질 분류가 있다.

★ 현대에는 행동유전학의 발달로 다양한 인격, 성격이 발견되었다. 게놈(유전체) 정보 분석으로 유전자의 차이에 따라 기질이 다르다는 것이 과학적으로 밝혀졌다.

뇌파는 대뇌의 신경세포들이 신호를 보낼 때 나오는 파동이다. 뇌파의 진폭이 클수록 온화하고, 좁을수록 격렬하다. 진폭이 크고 온화한 순서로 델타파, 세타파, 알파파, 베타파, 감마파로 나뉜다. 히포크라테스의 혈액으로 구분되는 다혈질의 기질은 뇌파가 격렬한 베타파, 감마파이다. 뇌파가 격렬하면 정신상태도 격렬하다. 이것은 높은 각성 수준으로 구분할 수 있다. 베타파처럼 높은 각성상태로 긴장과 흥분을 잘하는 사람은 예민한 기질이다. 평소에 느긋하고 온화한 기질이라면 세타파의 유형으로 낮은 각성 수준을 보인다. 세타파처럼 낮은 각성상태로 졸음이나 잡념이 많은 사람은 느긋한 기질이다.

이처럼 외부 현상을 알아채고 깨어 있는 각성상태의 높고 낮은 유형들은 여러 가지 요인으로 바꾸기가 쉽지 않다. 다만 각각의 유형들 사이에는 우열이 없다는 것을 짚고 넘어가자. 쉽게 바뀌지 않는 부분에 집착하여 무리하게 변화시키려 해도 한계가 있다. 자칫 단점에만 초점을 맞추면 부작용이 생길 수도 있다. 사체액설, 아유르베다, 증 같은 체질 분류에도 우열은 없다. 한의학에서도 체질을 바꾸기보다는 체질에 따른 처방과 치료를 한다. 이처럼 사람마다 다른 기질에 맞게 멘탈도 유형에 맞게 관리하면 된다.

뇌의 SMR파를 증가시키는 방법

우리는 자신의 각성상태를 어느 정도 체크할 수 있다. UCLA의 베리 스터먼 박사가 발견한 'SMR파(감각운동리듬)'는 운동감각과 집중, 이완의 균형이 잘 잡힌 뇌파다. 선천적으로 이 뇌파를 가진 사람은 흔하지 않다. 멘탈이 강해지는 몰입상태에서 이 뇌파가 많이 나타난다. 자신의 뇌파를 SMR파로 바꿀 수 있으면 집중력이나 몰입도를 끌어올릴 수 있다. 각성상태가 높은 사람이든 낮은 사람이든 SMR파를 증가시켜야 단단한 멘탈을 유지할 수 있다.

❶ 높은 각성상태를 나타내면 예민한 기질이다. 이런 사람은 긴장과 흥분을 잘한다. 각성상태가 높을 때 빗소리와 파도 소리를 들으면 SMR파가 활성화된다. 빗소리와 파도 소리는 집중력이 높아지고, 심리적 안정감이 유지되며, 긴장감이 완화되는 효과가 있다. 주위가 산만하고 예민하고 다혈질인 사람들은 빗소리와 파도 소리를 검색해서 들어보자.

나는 다혈질에 성격이 급하고 예민하다. 답답하면 혼자 경포대나 집에서 가까운 을왕리해수욕장에 간다. 바다를 보고 있으면 마음이 차분해지는 것을 느낀다. 파도 소리를 들으면 활력이 생기고 일에 집중이 잘되어 멘탈도 강해진다.

❷ 각성상태가 낮아 졸음이나 잡념이 많은 사람은 느긋한 기질이다. 이런 사람은 하루에 30분만 걸어도 뇌의 활동이 활발해진다.

〈SBS 스페셜〉에서는 하루 14시간 공부하는 취준생과 바쁜 삶에 답답해하는 직장인, 갱년기로 건망증이 심각해진 주부를 대상으로 하루 30분씩 한 달 동안 걷게 한 뒤에 뇌파를 측정했다. 그 결과는 놀라웠다. 학습능력이 최고조에 이르렀을 때 발생하는 SMR파가 증가했다. 사물을 인식하는 인지 속도 역시 빨라졌다. 좌뇌와 우뇌의 불균형이 개선되고 건망증도 사라졌다. 이 같은 결과는 '걷기의 효과'를 증명한 것이다.

잡념이 많고 느긋한 기질이라면 일단 걸어보자. 걷기만 해도 창의력과 집중력이 높아져 늘어진 멘탈을 끌어 올릴 수 있다.

성격에 따라 멘탈 관리법이 다르다

우리는 각자 다른 성격을 가지고 있다. 성격이 급하고 흥분을 잘하는 사람이 있고, 느긋하고 차분한 사람도 있다. 자신감이나 행복감도 사람마다 다르다. 심리적 안정감이 높은 사람은 불안해하지 않는다. 성격이 민감한 사람은 상처를 잘 받는다.

심리학에는 '회복탄력성'이란 것이 있다. 마음의 근력, 마음의 탄력성이라고 볼 수 있다. 사람마다 회복탄력성이 다르다. 회복탄력성 지수는 자기조절력, 대인관계력, 긍정성이라는 3가지 요소로 이루어져 있다.

❶ 자기조절력은 빗소리와 파도 소리 등으로 SMR파를 활성화시켜 관리할 수 있다.

❷ 대인관계력은 대화할 때 상대방의 말을 들어주기만 해도 엄청난 효과를 볼 수 있다.

❸ 긍정성은 "감사합니다."라는 말을 자주 하면 좋아진다.

심리학자 칼 융은 《심리유형》에서 외향성과 내향성을 구분 지었다. 이것을 심리학자 한스 아이젠크가 체계화했다. 외향적인 사람들은 '적극적, 낙관적, 개방적, 충동적, 변덕스러움' 등의 특징이 있다. 반면 내향적인 사람들은 '조용함, 비관적, 경직, 수줍음, 불안, 소심함' 등의 특징이 있다. 많은 연구결과에서는 외향적인 사람이 내향적인 사람보다 행복감을 잘 느낀다고 한다. 또한 자기효능감도 더 높다. 하지만 외향성과 내향성에 우열은 없다. 외향적인 사람이 충동적이거나 변덕스럽다면 자기효능감이 낮을 수도 있다.

'자기효능감'은 특정한 상황에서 자신이 적절한 행동을 함으로써 문제를 해결할 수 있다고 믿는 신념 또는 기대감이다. 다시 말해 내가 하는 행동이 결과를 만들어낸다는 자신감이다. 이는 성공 또는 실패의 경험으로 강화되거나 약화될 수 있다. 자기효능감을 높이는 효과적인 방법은 쉬운 과제를 해결하면서 성공 경험을 많이 쌓는 것이다. 아주 작은 성공 습관은 멘탈을 최강으로 만들어 준다.

자신의 성격과 성향을 파악한다

1976년 심리학자 폴 코스타와 로버트 매크레이는 인간의 상호 독립적인 5가지 성격요소를 발견했다. 'OCEAN모델'이라고 하는 5가지 요소들은 독립적인 개별 성격이 아니다. 어떤 요인, 어떤 측면의 강약을 종합해야 성격을 설명할 수 있다. '아래의 5가지 요소를 확인해보고 자신의 성격을 파악해보자.

❶ 신경성Neuroticism: 불안, 적대감, 우울, 충동성 등의 측면으로, 일상에서 부정적인 감정을 얼마나 자주 느끼는지 확인한다. 반면에 정서적 안정성Emotional Stability은 긍정적인 감정을 얼마나 느끼는지 확인한다.

❷ 외향성Extraversion: 사교성, 자신감, 활기, 긍정적 정서 등으로, 생각과 행동이 사교적으로 상호작용하는 것이다.

❸ 경험에 대한 개방성Openness to Experience: 상상, 감성 행위, 아이디어, 가치 등으로, 새로운 것에 대한 경험과 도전에 대한 태도다.

❹ 우호성Agreeableness: 신뢰, 정직, 이타성, 겸손 등으로, 타인에 대해 얼마나 긍정적으로 느끼는지 확인하는 요인이다.

❺ 성실성Conscientiousness: 질서, 책임감, 성취, 능력 등의 측면으로, 자기 관리를 잘하는지 확인한다.

각각의 5가지 성격 요소로 자가진단을 할 수 있다. 나는 개방적 성격 유형이다.'라고 한 가지 요소만을 성격으로 진단하면 안 된다. 5가지 각각의 요소를 종합해야 개인의 성격이 완성된다. 종이와 펜을 준비하고 5가지 요소를 토대로 성격의 다양한 측면을 적어보자. 꼬리에 꼬리를 물듯 쭉 적어 내려가자. 단점이라고 생각되는 부분이 있으면 장점이 되도록 적어보자. 부정적 표현이 나오면 세부적으로 나누어 적는다. 자신의 성격을 글로 적어보면 또 다른 모습이 보일 것이다. 5가지 요소를 통해 자신을 들여다보면 자신의 종합적인 성격을 진단할 수 있다.

★ 성격 자가진단으로 자신의 성격과 성향을 파악한다. 유전적으로 타고난 기질이나 성격을 파악할 수 있다.

★ 쉽게 바꾸지 못하는 기질이나 성격을 파악하고 관리하면 편안하게 멘탈을 유지할 수 있다.

★ 타고난 성격이나 기질에 따른 멘탈관리법을 알면 최강 멘탈이 될 수 있다.

★ 민감한 성격은 '회복탄력성'을, 내향성은 '자기효능감'을 키워 강한 멘탈이 될 수 있다.

★ 기질에 따라 뇌파의 유형도 달라진다. 느긋한 성격도 급한 성격도 뇌파의 SMR파를 증가시키면 집중력과 몰입도가 강해진다.

★ 격렬한 기질은 빗소리와 파도 소리로, 느긋한 기질은 걷기를 통해 SMR파를 증가시킬 수 있다.

IRON MIND 23 IRON WILL

화가 날 때는 제3자 입장에서 나를 보면 마음이 편안해진다

화가 나면 부정적인 감정에 빠져들게 된다. 어떤 감정 때문에 화가 나는지 차분히 들여다봐야 한다. 왜 화가 나는지 알아야 화를 다스릴 수 있다.

화는 불쾌, 공포, 불안, 외로움, 질투, 무기력 등의 부정적인 감정을 표출하는 것이다. 이런 감정을 '1차 감정'이라고 한다. 화, 분노 뒤에는 부정적인 1차 감정이 숨어 있다. 이 감정을 감추기 위해 '2차 감정'인 화가 치밀어 오르게 된다. 화가 나면 먼저 그 뒤에 숨은 1차 감정이 어떤 것인지 스스로 살펴봐야 한다. 어떤 부정적인 감정이 화를 만드는지 알아야 화를 잠재우고 마음이 가라앉는다.

부정적인 1차 감정이 2차 감정인 화와 분노로 변하는 상황을 살펴보자.

❶ 질투심, 불안감, 외로움 같이 화를 만드는 1차 감정이 생기면 기분이 나빠진다.

❷ 나쁜 기분을 속으로 억누르다 참지 못하면 화가 치민다.

처음에는 왜 기분이 나쁜지 표현하려 했을 수도 있다. 자신의 감정을 잘 표현하지 못하는 사람은 용기를 내어 표현했을 때 상대에게 그 감정을 인정받지 못할까 봐 두려워한다. 이 두려움을 혼자 고민하다 감정이 북받쳐 화를 내게 된다. 자신의 감정을 알아주지 않는 사람이 미워서 화를 내는 것이다.

감정에 북받쳐 화를 내고 나면 과연 기분이 좋아질까? 그 순간에는 좋을 수도 있지만 대부분 화내고 나면 찜찜하기 마련이다. 기분이 풀리지 않고 나중에 후회하기도 한다.

화를 무리 없이 발산하는 방법은 여러 가지가 있다. 부정적인 1차 감정을 침착하게 표현해야 한다. 기분이 나쁘다고 화를 내거나 싸울 필요는 없다. 기분을 나쁘게 만든 사람에게 상황에 대해 침착하게 말해야 한다.

예를 들어보자. 각별한 이성 친구와 모임에 갔다. 그런데 남친(여친)이 내가 잘 모르는 이성과 재미있게 대화하고 있다. 그 시간이 점점 길어진다. 이때 화가 날 수도 있다. 만약 화가 난다면 질투, 외로움, 두려움 등의 1차 감정이다. 이때 기분이 나쁘더라도 화내지 말고 침착하게 상대에게 얘기해보자.

★ 네가 다른 사람이랑 그렇게 재밌게 얘기하니까 질투가 좀 난다.

★ 네가 나한테서 멀어질까 봐 두렵다.

속 좁은 사람처럼 보일 수도 있지만 버럭 화내는 것보다 효과가 훨씬 좋다. 침착하게 말함으로써 서로 심하게 감정을 다치지 않고 멘탈을 잡을 수 있다.

화가 난 자신을 제3자 입장에서 달래준다

화가 나 있는 상황에서 자신의 감정을 제3자의 입장에서 내려다보면 어떨까? 제3자의 입장에서 '저 상황 때문에 나라는 사람이 힘들어하고 있구나.'라고 생각할 수 있다. 이때 필요한 것이 '관조'다. 관조는 고요한 마음으로 현상을 관찰하거나 비추어 보는 것이다. 스스로 관조자가 되어 자신의 상황을 관조해야 한다. 그래야 더는 안 좋은 감정에 빠지지 않고 침착하게 판단할 수 있다. 침착함을 유지해야 화가 치밀어 오르는 것을 피할 수 있다.

흥분을 가라앉히지 못하고 이성을 잃을 때는 침착하게 대처할 수 없다. 흥분해서 상황을 객관적으로 판단할 수 없다. 이때 생각을 멈춰야 한다. 눈을 감고 심호흡을 하자. 숨을 쉬는 데만 집중한다. 호흡에 집중하는 동안 어떤 생각이 드는지 관찰해보자. 그리고 자신에게 이렇게 말해보자.

★ 나는 지금 화가 나고 짜증나지만 이 순간은 금방 지나갈 거야.

이렇게 화가 나거나 분노가 폭발하기 전에 자신을 달래 감정을 가라앉힐 수 있다.

★ 재욱아, 그 생각은 이제 그만!

이처럼 자신의 이름을 부르며 말하는 것도 도움이 된다. 귀에 들린 말소리가 뇌로 전달되면 생각을 멈추는 데 도움이 된다.

제3자의 입장에서 관조자가 되어 자신을 지켜보자. 흥분이 점차 가라앉고 이성을 찾을 수 있다. 원치 않는 일이 생겨 이성을 잃을 것 같으면 생각을 멈춰야 한다.

★ 이렇게 흥분하면 뭘 얻을 수 있지?

★ 이게 뭐라고 왜 이렇게 흥분하는 거지?

★ 남이 보면 아무것도 아닌 일을 나만 힘들어하고 있군.

이렇게 스스로 말하고 무시하자. 상황을 무시하는 것은 회피하는 것과는 다르다.

하나는 상황에 미리 대처해 멘탈을 유지한다

우리 주변에는 오지랖 넓은 사람들이 있다. 자기와 별 상관없는 일에도 지나치게 신경을 쓴다. 뭐 하나라도 아는 체하며 일일이 끼어들면 논쟁에 빠질 수 있다. 쓸데없는 논쟁을 피해야 한다.

감정이 상하고 초조해질 때는 자신에게 다정하게 말해보자.

★ 괜찮아. 지금 잘하고 있어. 곧 마음이 편해질 거야.

★ 지금 뭔가 불안한가 보구나. 별거 아니니까 금방 지나갈 거야.

친한 친구에게 말하듯 나에게 말하면 된다. 제3자의 입장에서 나를 다독이면 부정적인 감정이 다정한 말투에 묻혀버린다. 화가 치밀어 오르기 전에 부정적인 감정이 사라진다.

나는 30대에 피해의식에 사로잡혀 항상 남의 탓, 상황 탓만 하고 살았다. 누군가 나를 도와주려고 해도 '무슨 꿍꿍이가 있을 거야'라고 생각할 정도였다. 사업에 실패했을 때 같이 동업했던 친구를 엄청 원망했다. '저 친구가 나를 꼬여내서 골프숍을 시작했다.' '나는 열심히 했는데 저 친구가 일을 게을리해서 망했다.' '저 친구가 운영비를 흥청망청 써서 망했다.' 등 실패한 이유를 모두 그 친구에게 돌렸다. 심지어 다른 사람과 술을 마시면서 그 친구 때문에 망했다며 신세를 한탄했다. 적자를 내는 상황(스트레스)에서 나는 피해의식(자극)으로 화가 가득 차 있었다. 내가 하는 일의 모든 결정은 내가 했는데도 친구 탓만 했다. 나를 돌아보려 하지 않았다.

동업하다 갈라서면 사이가 안 좋아진다는데 그 친구는 먼저 찾아와 내게 이런저런 상의를 했다. 퉁명스럽게 대했던 나에게 아무 일도 없었던 것처럼 자연스럽게 소통했다. 시간이 지나서 그 친구가 "그때 네가 퉁명스럽게 말해서 좀 서운했다."라고 얘기할 때 쥐구멍이라도 찾아서 숨고 싶었다.

자신을 피해자라고 생각하면 분노를 일으키기 쉽다. 화는 스트레스와 자극이 만나 폭발한다. 스트레스만으로는 화를 내지 않는다. 스트레스를 받은 상태에서 자극이라는 촉발제가 있어야 분노가 폭발한다. 자극은 피해의식으로 시작된다. 자기를 피해자라고 생각하고 상대에게 화를 쏟아붓는 것이다. 이때 피해의식을 버리고 '내 탓이오.'라고 생각하면 화가 치미는 것을 줄일 수 있다.

★ 부정적인 감정이 생기면 마음이 불안하고 초조해진다. 일도 안 되고 대화도 안 된다. 이때 피해의식이 들면 화가 치민다.

★ 화가 치밀어 오를 때는 어떤 감정 때문에 화가 나는지 들여다본다.

★ 화가 나는 감정을 알아보고 침착해지자.

★ 심호흡하면서 긴장감을 낮춰주면 화를 가라앉히는 효과가 있다.

★ 생각을 멈추고 제3자의 입장에서 자신의 감정을 들여다봐야 한다.

★ 제3자의 입장에서 나를 보면 흥분을 가라앉히고 침착함을 찾을 수 있다.

★ 감정이 안 좋을 때는 자신을 다정하게 다독여주자.

★ 화가 난 아이를 달래주듯 화가 난 자신을 제3자의 입장에서 달래주면 멘탈이 편안해진다.

감정이 격할 때는 말을 천천히 한다

감정이 좋지 않은 상태로 대화하면 말이 빨라진다. 흥분한 상태에서는 자신을 어필하려고 말이 빨라진다. 말이 빨라질수록 감정은 더 격해지고 짜증 섞인 말이 나올 수밖에 없다. 말실수를 해도 깨닫지 못한다. 쏟아낸 말은 다시 주워 담을 수 없다. 감정이 격할 때는 의식적으로 말을 천천히 하기만 해도 흥분이 가라앉고 생각이 차분해진다.

일본 준텐도 대학의 고바야시 히로유키 교수는 사소한 일에도 연구원들에게 빠른 말로 쏘아댔다. 감정이 격해져서 버럭 화를 내는 악순환을 반복했다. 그러다 같은 연구팀의 유키시타 박사가 언제나 온화하게 천천히 말하는 것을 보았다. 천천히 말하면 마음에 여유가 생기고 감정 조절이 가능하다는 가설을 세우고 연구하기 시작했다.

고바야시 히로유키 교수는 부정적인 감정을 말로 표현할 때는 자율신경의 균형이 깨진다고 했다. 스트레스 상태에서는 교감신경이 활성화되고 부교감신경은 저하된다. 이렇게 자율신경의 균형이 깨지면 혈관이 수축해 혈액순환이 나빠진다. 이로 인해 쉽게 지치고 판단력이 흐려져 말투가 더 부정적으로 된다. 스트레스를 받은 상태에서 대화를 할 때 감정이 더 격해지는 이유는 자율신경의 불균형 때문이다.

멘탈의 연금술

감정이 격한 상태에서 대화하면 말이 점점 빨라진다. 흥분해서 말을 빠르게 하니 판단력이 흐려져 결국 막말을 하게 된다. 갑작스럽게 흥분하지 말고 말을 천천히 하면 냉정해질 수 있다. 좀 더 효과를 보려면 심호흡을 몇 번 하고 천천히 말해보자. 심호흡하면서 자율신경을 조율하고 천천히 말을 하면 감정을 추스를 수 있다.

목소리를 작게 하면 감정을 통제할 수 있다

20대에 직장 동료들과 회식하고 뒤풀이 장소로 이동하던 중이었다. 급하게 횡단보도를 뛰어 건넜다. 나는 맨 앞에서 뛰어가며 "무슨 담배 사다 줄까?"라고 엄청 큰소리로 물었다. 뒤따라 오던 동료들도 큰소리로 답했다. 길을 건너고 편의점에 들러 담배를 사서 나왔는데 동료들과 다른 사람들 여럿이 엉켜 싸움을 하고 있었다. 깜짝 놀랐다. 경찰들이

오고 상처 난 사람들 몇몇은 조서를 쓰러 경찰서로 갔다. 동료들과 뛰어서 횡단보도를 건너는 중에 큰소리로 말한 것을 건너편에 있던 사람들이 자기들에게 욕한 줄 알고 오해해서 싸움이 난 거였다. 옆에서 지켜보던 나는 놀라지 않을 수 없었다. 큰 목소리는 격한 감정을 불러온다는 것을 그때 체험했다.

우리는 흥분하면 목소리가 커진다. 목소리가 크면 분위기를 압도한다고 생각하기 때문이다. '목소리 큰 사람이 이긴다.'는 말은 이제 옛말이 되었다. 목소리가 커지면 감정만 격해질 뿐이다. 목소리를 작게 하면 격한 감정도 가라앉고 감정도 통제할 수 있다. 흥분하고 감정이 격해지면 목소리를 작게 해보자. 작은 목소리로 말하면 이성을 찾을 수 있고 멘탈도 잡을 수 있다.

김상운의 《왓칭》에는 미국 케니언 대학의 언어연구소에서 실험한 내용이 나온다. 전화 통화를 할 때 목소리를 크게 하면 상대방도 목소리가 커진다. 큰소리로 말하다가 점점 화를 내게 된다. 화를 낼 만한 대화가 아니었음에도 목소리가 커지면 화를 불러일으킨다.

반대로 상대방이 화를 낼 때 목소리를 낮추면 상대방의 화가 누그러진다. 손바닥도 마주쳐야 소리가 나듯이 같이 흥분해서 큰소리로 말하니까 계속 화를 내는 것이다. 상대방이 화를 내더라도 나지막한 소리로 얘기하면 제풀에 화가 누그러진다. 케니언 대학의 언어연구소에서 실험한 결과는 이렇다. "당신이 목소리를 높이면 상대방도 화가 나기 시작한다. 반대로 아무리 화가 나더라도 목소리의 음량과 톤을 의도적으로 낮추면 당신의 분노가 가라앉는 것은 물론 상대방의 분노도 가라앉는다."

상대방이 화가 나 있다면 조용히 대꾸하자. 부정적인 기분이 점점 사라지고 감정도 누그러져 험악한 분위기를 바꿀 수 있다. 조용히 낮은 목소리로 말하면 자신과 상대방의 감정도 통제할 수 있다. 이렇게 목소리 톤과 음량을 조절하며 말의 속도를 천천히 하면 생각과 감정이 차분해져 멘탈이 편안해진다.

부정적인 감정이 들면 긴장을 푼다

부정적인 감정이 들면 편하게 대화하려고 해도 말이 부드럽게 나오지 않는다. 몸이 잔뜩 긴장하고 있기 때문이다. 화가 치밀어 올라 몸을 부들부들 떨고 있는 사람을 본 적이 있을 것이다. 이렇듯 부정적인 감정은 몸을 긴장시킨다. 이때 몸의 긴장을 풀어야 부정적이고 격한 감정에서 벗어날 수 있다. 감정이 좋지 않아 몸이 긴장되면 몸을 이완시키고 휴식을 취해야 멘탈이 부드러워진다.

미국 존스홉킨스 대학의 케이 레드필드 재미슨 교수는 조울증을 앓고 있는 환자다. 조울증은 조증과 우울증이 복합적으로 나타나 감정조절이 힘든 병이다. 그녀는 《조울병 나는 이렇게 극복했다》에서 감정을 다스리는 5가지 방법을 소개했다. 그중에 눈여겨볼 두 가지가 있다.

❶깊이 호흡하고 현재에 집중한다. 심호흡으로 뇌에 산소를 공급해 주면 차분해진다.

❷침묵하고 휴식한다. 말을 하지 않고 쉬기만 해도 부정적인 감정을 줄일 수 있다.

미국의 정신과 의사인 에드먼드 제이콥슨은 점진적 근육이완법을 개발했다. 정서적 문제로 생기는 신경근육 치료를 위한 것이었다. 마음이 불안해지면 온몸이 긴장한다. 반대로 긴장된 몸이 이완되면 맥박, 호흡, 혈압이 낮아져 심리적 이완을 느낀다. 점진적 근육이완법은 특정 부위의 근육이 긴장과 이완되는 느낌을 알게 해준다. 근육을 수축시켜 긴장 상태의 느낌을 기억하고 이완시킬 때 긴장이 사라지는 느낌에 집중하면 긴장과 이완의 감각 차이를 구분할 수 있다.

점진적 근육이완법은 몸의 근육을 16개 부위로 나눠서 하는 것이 정석이다. 머리, 목, 얼굴, 어깨, 팔, 손, 가슴, 허리, 복부, 엉덩이, 다리, 발 등 모두 16개 부위다. 시간이 여유롭다면 16개 근육 부위를 나눠서 위에서 아래 혹은 반대로 실행해보자.

❶ 각 부위의 근육을 10초간 최대로 긴장시킨다. 이때 숨을 멈춘다.

❷ 긴장된 근육에 갑자기 힘을 빼면서 20초간 심호흡을 한다. 이때 근육이 긴장했을 때와 이완될 때의 느낌을 비교해보자.

❸ 근육이 긴장되어 있으면 그 부위를 더 긴장시켰다가 이완시켜 보

자. 근육의 이완을 느끼면 불안한 마음도 평온을 찾는다.

"어떻게 하면 군자가 될 수 있습니까?"

이 질문에 공자는 "천천히 말하면 된다."라고 했다. 이렇듯 말이란 단순히 소통하기 위한 것만이 아니다. 말로써 감정을 차분하게 할 수도 있고 격하게 할 수도 있다. 불안하거나 감정이 좋지 않을 때 몸에 힘을 빼고 말을 천천히 하면 마음이 차분해진다. 상대방과 대화가 격해질 때는 목소리의 톤과 볼륨을 낮추면 분위기가 부드러워진다.

MIRACLE MENTAL

★ 감정이 격할 때 말을 천천히 하면 생각이 차분해져 흥분이 가라앉는다.

★ 말이란 단순히 소통하기 위한 것만이 아니다. 말로써 감정을 차분하게 할 수도 있고 격하게 할 수도 있다.

★ 불안하거나 감정이 좋지 않을 때 몸에 힘을 빼고 말을 천천히 하면 마음이 차분해진다.

★ 상대방과 대화가 격해질 때는 목소리의 톤과 볼륨을 낮추면 분위기가 부드러워진다.

★ 마음이 불안하면 몸도 긴장된다. 의식적으로 몸을 이완시켜 마음을 편안하게 할 수 있다.

★ 몸과 마음의 긴장을 이완시키면 멘탈이 편안해진다.

4장

멘탈을 지배하고 원하는 것을 얻는 비결

IRON MIND 25 IRON WILL

스트레스 회복이 멘탈을 강하게 한다

스트레스는 만병의 근원이다. 지속적인 스트레스에 버텨낼 수는 없다. 스트레스를 받으면 몸과 마음은 즉각 반응한다. 스트레스를 받으면 흥분하고 짜증이 난다. 과도한 스트레스를 받으면 가슴이 두근거리고 입이 바짝 마른다. 그러나 스트레스는 생존의 필수요인이기도 하다. 적당한 스트레스는 삶에 긍정적인 효과가 있다. 스트레스와 회복의 루틴을 통해 삶의 균형을 잡으면 최강 멘탈이 된다.

아기는 엄마 뱃속에서 편안하게 있다가 세상에 나오는 순간부터 스트레스를 받는다. 환경에 익숙해지면서 점차 회복하게 된다. 성인도 마찬가지다. 새로운 일에 긴장하고, 적응하면서 회복한다. 이렇게 스트레스는 인간을 자연스럽게 성장하도록 이끈다.

스트레스를 받으면서도 왜 그런지 정확히 모를 때가 있다. '스트레스 받아서 짜증이 난다.'라고 생각하면 뭐 때문에 스트레스를 받는지 모른다. 이때는 모호한 스트레스 상황을 구체적으로 알아차려야 한다.

★ 엄마의 잔소리 때문에 스트레스를 받는다.

★ 과장님이 일을 많이 시켜서 스트레스를 받고 있다.

이처럼 스트레스를 받는 이유를 구체적으로 알아야 그 상황만 볼 수 있다.

스탠퍼드대학교의 심리학박사 켈리 맥고니걸은 《스트레스의 힘》에서 이렇게 말했다. "스트레스로 인해 생기는 에너지는 신체를 민첩하게 만들 뿐만 아니라 뇌를 예리하게 만든다. 아드레날린은 감각을 깨운다. 동공은 더 많은 빛을 받아들이려 확장되고 청각이 예민해진다. 두뇌는 인지하는 것을 더 빨리 처리한다. 생각은 방황을 멈추고 우선순위가 아닌 것들은 버린다. 스트레스는 집중력을 향상시켜 주변 환경에 대한 더 많은 정보를 받아들일 수 있게 해준다." 스트레스 반응은 이렇게 긍정적인 효과를 만들기도 한다.

스트레스는 회복과 짝을 이뤄 주기적으로 반복된다. 이 반복은 꼭 필요하다. 스트레스를 받은 후 회복이 없다면 아무리 적당한 스트레스라도 독이 된다. 스트레스를 받았다면 반드시 적응 또는 회복 단계가 있어야 더 큰 스트레스를 이겨낼 수 있다. 개인의 성향이나 감정이 다르기 때문에 자기한테 맞는 회복 방법을 찾아야 한다. 나한테 맞는 취미생활을 찾는 것도 방법이 될 수 있다.

스트레스 적응 수준을 알아야 한다

누군가는 스트레스가 심신을 망친다고 생각한다. 또 누군가는 스트레스가 성장에 도움을 준다고 생각한다. 둘을 비교했을 때 후자가 더 건강하고 뛰어난 성과를 올린다. 존 엘리엇은 《거만한 놈들이 세상을 바꾼다》에서 "긴장감 없이 편안한 상황에서는 큰 성과가 나오지 않는다."라고 했다. 큰 성과는 적당한 압박감 속에서 흥분되고 에너지가 넘치며 간절할 때 나오는 것이다.

그러나 갑자기 과도한 스트레스를 받으면 적응하지 못해서 멘탈이 무너질 수도 있다. 스트레스를 웨이트 트레이닝과 비교해보자. 5kg짜리 덤벨을 들다가 갑자기 20kg의 덤벨을 들면 근육에 엄청난 무리가 온다. 스트레스도 마찬가지다. 적당한 스트레스를 이겨내면서 점점 강도를 높여가는 것이 바람직하다. 과정을 무시하고 큰 성장을 위해 무리하면 스트레스를 이겨내지 못하고 멘탈도 무너진다. 성장하려면 반드시 적응하는 과정이 필요하다.

자신이 이겨낼 수 있는 스트레스가 어느 정도인지 알아야 한다. 하는 일에 과도한 스트레스를 받으면 일이 잘 될 리가 없다. 욕심을 부리면 집착이 생길 수도 있다. 내가 이길 수 없을 것 같은 스트레스는 놓아줘야 한다. 안 될 것 같다고 그냥 포기하라는 얘기가 아니다. 최고의 퍼포먼스를 내려고 무리해서 욕심부리지 말아야 한다는 것이다. 지속적인 스트레스에 노출되면 에너지가 바닥난다. 적당한 스트레스에 적응하며 지속적인 성장을 해야 한다. 적당한 수준의 스트레스에 적응해 나가며 더 성장하고 도전해도 늦지 않다. 이런 성장을 통해 최고의 퍼포먼스를 낼 수 있다.

스트레스에서 회복하는 방법을 찾는다

스트레스를 받았을 때 어떻게 회복해야 하는지 알아야 한다. 회복하는 방법을 찾아서 스트레스를 관리하고 통제해야 한다. 신체적, 정신적 피로감이 지나치면 무기력해지기 쉽다. 만성적 스트레스로 번아웃에 빠질 수도 있다. 회복해야 스트레스에 버티는 힘이 생긴다. 회복 방법을 의식적으로 개발해 나만의 루틴을 만들어야 한다.

우리에게는 매우 중요한 4가지가 있다. 이 4가지는 스트레스 회복에 많은 도움을 준다.

❶ 잠

잠은 손상된 뇌와 신체를 회복하는데 꼭 필요하다. 온전한 회복을 위한 수면시간은 8시간이다. 건강을 지키려면 최소 5시간은 자야 한다. 잠잘 시간이 모자란다면 규칙적인 수면 습관이 필요하다. 30분이라도 눈을 감고 몸을 축 늘어트려 최대한 몸과 마음을 이완시키자. 하버드대학교 허버트 벤슨 박사는 이완 상태에서는 수면 중의 산소 소비보다 더 적게 산소를 소비한다고 말했다. 잠은 훌륭한 보약이다.

② 식습관

우리는 열량은 높지만 영양가는 낮은 패스트푸드와 탄수화물, 고지방, 당분 등을 너무 많이 섭취한다. 불규칙한 식습관도 건강을 해치는데 한몫한다. 스트레스에서 회복할 때는 정크푸드는 피하고 건강한 식품을 섭취하자. 물도 자주 마시는 것이 좋다. 하루에 2리터가 적당하다.

③ 운동

운동이 스트레스 해소에 좋다는 것은 다들 알 것이다.

④ 여가시간 활용

스트레스를 받았을 때는 짬짬이 시간을 내서 할 일들이 있다.

• 음악을 듣자. 음악을 들으면 활력이 생기고 기억력도 좋아진다.

• 대화를 나누자. SNS에서의 대화가 아닌 진짜 대화를 하자. 잘 통하는 사람들과의 대화가 필요하다.

• 여행하자. 여행이 주는 힐링은 대단하다.

나에게 여행은 힐링이 아니라 스트레스였다. 주말이나 공휴일에는 항상 행사장에서 물건을 팔았다. 가끔 아이들과 여행 계획을 세우면 같이 일하는 친구의 눈치를 보고, 일을 안 해서 손해 본다고 생각했다. 많은 자영업자들이 공감하리라 생각된다. 돈도 없고 피곤한데 돈 벌 시간에 돈 쓰고 놀다 온다는 것이 스트레스였다. 멘탈이 약했을 때 나는 그랬다.

멘탈이 점점 강해지면서 여행은 최고의 힐링이 되었다. 여행 잠깐 다녀온다고 망하지 않는다는 것을 깨달았다. 지금은 가족여행은 물론이고 혼자서도 여행을 잘 다닌다. 여행을 꼭 먼 곳으로 가야 하는 것은 아니다. 짧은 여행도 스트레스를 회복하는 데 큰 도움이 된다.

• 좋아하는 취미를 만들자. 우리는 너무 많은 것을 잊고 지낸다. 마음속의 어린아이를 불러내서 재미를 찾아내자.

잠, 식습관, 운동, 여가시간 활용으로 스트레스 회복력을 키우자. 이렇게 하면 스트레스를 받았을 때 어느 정도의 회복이 필요한지 알게 된다. 이것을 아는 것이 스트레스를 관리하고 통제하는 핵심이다. '스트레스와 회복'이 균형을 유지하면 이것이 루틴이 된다. 일할 때 일하고 놀 때 놀아야 한다는 말이 괜히 나온 게 아니다. 이런 루틴이 만들어지면 최상의 컨디션을 유지할 수 있다. 스트레스를 받아도 금방 회복하면서 성장하고 멘탈이 강해진다.

★ 신체적, 정신적 피로감이 지나치면 무기력해진다.

★ 만성적 스트레스로 번아웃에 빠질 수도 있다.

★ 갑자기 과도한 스트레스를 받으면 적응하지 못해 멘탈이 무너진다.

★ 잠, 식습관, 운동, 여가시간 활용으로 스트레스 회복력을 키우자.

★ 회복 방법을 의식적으로 개발해 나만의 루틴을 만들어야 한다.

★ 스트레스를 회복하는 과정에서 더 성장할 수 있다.

★ 스트레스에 대한 상황과 반응을 구체적으로 인식해야 한다.

★ 스트레스 반응은 긍정적인 효과를 만들기도 한다.

★ 적당한 스트레스는 개인의 성장을 돕는다.

★ 스트레스를 적당히 이용하면 일할 때 큰 성과를 낼 수도 있다.

결과에 집착하지 않고 현재에 집중한다

연습할 때는 누구 못지않게 잘 하는 사람이 있다. 그러나 실전에서는 평소 실력이 전혀 발휘되지 않는다. 결과를 내야 하는 순간 '잘할 수 있을까?', '안되면 어쩌지?'라는 불안함이 밀려오기 때문이다. 이런 경험은 누구나 해봤을 것이다. 결과를 의식하면 불안해진다.

또 무의식은 과거의 실패를 샅샅이 검색한다.

'그때처럼 잘못되면 어쩌지?'

'또 그때처럼 시험에 떨어지면 어쩌지?'

정신에 지속적인 영향을 주는 '트라우마'가 발동하는 것이다. 과거에 실패하지 않았던 사람도 결과에 대한 집착이 생기면 중압감에 빠져든다. 아직 일어나지 않은 결과에 관심을 두지 말고 지금 해야 할 일에 집중해야 한다.

실전에서 미래에 일어날 '결과'를 의식하면 중압감에 짓눌린다. 결과에 집착하면 멘탈이 쪼그라들어 평소 실력이 나오지 않는다. 새로운 일을 시작할 때도 두려움으로 인한 중압감이 생긴다. 이때 의식이 미래나 과거로 가지 않도록 '현재'에 집중해야 감정이 동요되지 않는다.

혜능은 "헛된 마음을 버리는 것이 해탈의 길이다."라고 했다. 혜능이 말하는 '헛된 마음'은 목표를 이루려는 집착이다. 돈에 집착하면 돈의 노예가 되고, 권력에 집착하면 권력의 노예가 된다. 마찬가지로 결과에 집착하면 결과의 노예가 되는 것이다. 결과에 무관심하면 결과에 집착하지 않고 멘탈을 지킬 수 있다.

현재에 집중하는 방법으로 '무관심 기법'이 있다. 시합이든 시험이든 타이틀에 관심을 버리고 지금 하는 것에 집중해보자. 지금 하는 것에만 집중하는 것이 처음에는 잘되지 않을 수도 있다. 꾸준히 연습하면 중요한 순간 자신의 실력을 발휘할 수 있는 최강 멘탈이 된다.

우리는 인생의 3분의 1을 잠을 자면서 보낸다. 잠을 잘 자는 것은 인생에서 매우 중요한 일이다. 잠을 잘 자야 좋은 컨디션과 멘탈을 유지할 수 있다. 잡념에 빠지면 잠이 오지 않는다. 빨리 자야 한다고 생각할수록 잠이 오지 않는다. 빨리 잠들기 위해서는 자야 한다는 생각을 놓아야 한다. 잠든다는 결과를 의식하지 말아야 한다. 잠드는 것에 무관심해 버리면 평온한 마음을 갖게 되어 잠이 잘 온다. 빨리 자야 한다는 집

긍정 확언

— 나는 객관적으로 나를 본다.

— 나는 항상 운이 좋다.

— 나는 아직 일어나지 않은 일을 걱정하지 않는다.

— 나는 지금 해야 할 일에 집중한다.

— 나는 언제나 긍정한다.

착에서 벗어날 때 편안하게 잠들 수 있다.

두려움을 인정하고 현재에 몰입한다

새로운 일을 시작할 때는 '잘 될까?'라고 생각하며 불안함을 느낀다. 이때 불안함을 인정하고 현재에 집중해야 한다. 막 걸으려는 아기들은 넘어지고 일어서는 것을 반복한다. 넘어지는 것이 두려워도 걷기 위해 몰입한다. 아기의 걸음마 연습처럼 넘어지는 것에 대한 두려움을 인정하고 도전해야 한다. 결과를 생각하지 않고 현재에 집중해야 두려움에서 자유로워진다.

불안함을 인정해야 중압감을 이겨낼 수 있다. 반면에 아직 일어나지 않은 결과를 의식하면 중압감에 짓눌린다. 불안하면 중요한 순간에 부정적인 감정에 빠질 수밖에 없다.

★ 지금 내가 긴장하고 있구나.

★ 지금 두려워하고 있구나.

이런 생각은 결국 뇌리에 맴돌아 두려움과 긴장을 더 강하게 느끼게 한다. 결과에 대해 불안함이 생기고 부정적인 감정이 증폭된다. 부정적인 감정에 동요되면 더욱 불안해진다. 이때 두려움을 인정하고 더 이상 커지지 않게 해야 한다.

불안감, 두려움, 긴장 등 부정적인 감정을 받아들이고 인정하는 것은 어렵지 않다. 불안할 때는 '좀 불안해도 돼', 긴장할 때는 '좀 긴장해도 돼'라고 인정해버리자. 그 사실을 인정해버리면 뇌는 부정적인 감정을 인지하는 횟수가 줄어든다.

★ 처음 해보는 일이니까 불안한 것이 당연해.

★ 이런 상황에서는 긴장해도 돼.

★ 불안할 수도 있지.

자신이 불안해하는 것을 인정하자. 불안하고 힘든 마음을 인정하면 별것 아니라는 생각이 들어 흔들리는 멘탈을 잡을 수 있다.

2020년 프로골퍼 유소연 선수는 인터뷰에서 말했다. "멘탈이 흔들린다는 건 뭔가 일이 원하는 대로 되지 않는 거잖아요. 근데 그 순간에는 너무 힘들고 슬프지만 지나고 나면 별것 아닌 게 많더라고요. 힘든 상황이 왔을 때 '내 인생이 무너질 정도로 죽도록 힘든 일인가?', '이것 때문에 내가 행복하지 않은 사람인가?' 질문을 던집니다. 그러면 별일 아니라는 결론이 나오고 계속해서 앞으로 나아가게 됩니다."

결승에서 자신의 성적을 의식하지 않을 수는 없다. 그러나 결과나 순위를 의식하면 평소 실력을 발휘하지 못한다. 중요한 순간에는 결과를 의식하지 않고 평소처럼 해야 자신의 실력을 발휘할 수 있다.

장사를 하면 매출을 의식하게 된다. 매출에 집착하면 스트레스를 받는다. 목표를 정하는 것은 좋지만 결과에만 집착하면 과정이 즐겁지 않다. 지금 하는 일에만 집중하면 집착에서 벗어날 수 있고 원하는 결과를 얻을 수 있다.

나는 8년 만에 골프숍을 다시 오픈했다. 골프 관련 사업을 2년쯤 등한시해서 요즘 트렌드에 전혀 감이 없는 상태였다. 단지 골프연습장 안에 있는 프로 숍을 너무 해보고 싶어서 선택했다. 기존 매장의 대략적인 매출만 파악하고 그 외의 인프라를 파악하지 않은 채 일단 시작했다. 나도 많은 매출을 올리고 싶은 욕심은 있었지만 2년간의 공백으로 내가 할 수 있는 것은 '잘되는 매장 따라 하기' 정도였다. 잘되는 매장의 인테리어를 흉내 냈다. 자금이 넉넉지 않아 한 번에 다 할 수가 없어서 수없이 위치를 바꿔가며 자리를 잡았다. 매출에 집착하지 않고 그날그날 해야 할 것에 몰입해서 최선을 다했다. 그 결과 목표했던 매출을 달성하고 매장도 깔끔해졌다.

결과에 대한 중압감을 느낄 때 멘탈은 절대로 현재에 머물지 않는다. '마인드 원더링'은 아직 일어나지 않은 일과 일어날 가능성이 희박한 것을 걱정하는 것이다. 마인드 원더링 상태에서는 알 수 없는 결과에 집착하게 되어 부정적 감정이 생길 수밖에 없다. 멘탈이 과거나 미래에 맴돌게 된다. 그러나 결과에 집작하지 않으면 평소처럼 할 수 있다. 결과를 의식하지 않고 눈앞의 일에 몰입하면 좋은 결과가 따라온다. 두려움을 인정하고 해야 할 일에 집중하자. 과거도 미래도 아닌 현재에 집중해야 최강 멘탈이 된다.

MIRACLE MENTAL

★ 결과를 의식하지 않으면 중압감을 이겨낼 수 있다.

★ 아직 일어나지 않은 미래의 결과, 과거에 경험했던 결과에 무관심해져야 한다.

★ 순위를 의식하지 말고 나의 경기에만 집중하자.

★ 결과를 의식하지 않고 평소처럼 해야 멘탈이 강해진다.

★ 불안감, 두려움, 긴장 등 부정적인 감정을 받아들이고 인정하는 것은 어렵지 않다.

★ 불안할 때는 '좀 불안해도 돼', 긴장할 때는 '좀 긴장해도 돼'라고 인정해 버리자.

★ 마음속의 두려움을 인정하고 현재에 집중하면 멘탈이 단단해진다.

부정적 신념을 자각하고 지금의 상황과 분리한다

우리의 뇌는 긍정적인 것보다 부정적인 것에 훨씬 더 잘 반응한다. 안 좋은 일을 겪게 되면 과거의 부정적인 감정이 자동으로 되살아난다. 과거에 안 좋았던 경험들이 떠오르면서 마음이 불편해진다. 이때 '내가 하는 게 원래 그렇지'라는 생각이 든다. 이를 '자동적 사고'라고 한다.

펜실베이니아 대학교의 심리학자인 아론 벡은 "근본적인 자기인식이 자동적 사고를 만들어내는 원천"이라고 했다. 이를 신념이라 하는데, '내가 하는 게 원래 그렇지'라는 자기 인식이 '부정적 신념'을 만든다.

아론 벡은 일어난 사건에 대한 판단이 감정에 영향을 준다고 했다. 그는 우울증 환자들이 모든 사건을 더 부정적으로 받아들인다는 것을 발견했다. 부정적 신념이 안 좋은 기억을 계속 불러왔다. 연구하면서 우울증 환자들의 부정적인 판단을 수정하니 증세가 개선되었다. 현재의 사건에 과거의 부정적인 감정을 끌고 오지 말아야 한다.

부정적 신념은 쉽게 바꾸기 힘들다. 먼저 부정적 신념을 자각하는 것부터 해보자. 좋지 않은 일이 생겼을 때 '내가 또 자책하고 있네. 이게 내 부정적 신념이구나.'라고 객관적으로 판단하자. 부정적 신념이 자각되면 한 단계 더 나아가보자. 가령 상사에게 질책을 받았다면 '그래 이번엔 내가 실수했군.'이라고 현재의 경험에만 집중해보자. 과거의 부정적 신념을 자각하고 현재의 일에만 집중해 그것을 분리해야 한다. 지금의 상황에만 집중해 부정적 신념에서 벗어나면 멘탈이 강해진다.

부정적 신념의 범위를 좁힌다

우리는 어릴 때부터 수많은 부정적 경험을 한다. 가정에서 아이들의 실수나 성적을 가지고 얼마나 많은 부정적 경험을 만들어주는가! 학교에서도 마찬가지다. 식당에서도 아이들이 조금만 시끄럽게 하면 버럭하는 어른들을 자주 볼 수 있다. 어른들은 아이들에게 '하지 마', '안 돼'라는 말을 입에 달고 산다. 아이들은 이렇게 부정적 신념이 만들어지는 환경에서 자란다. 이런 환경을 인식하고 바꿔야 한다. 사회 곳곳에서 누군가에게 부정적 경험을 만들어주고 있는지 돌아봐야 한다. 이런 환경에서 자란 아이들은 자신도 모르게 부정적 신념이 생긴다. 부정적 신념이 일반화되면 사소한 실수에도 부정적인 감정을 느낀다. 자칫하면 자신을 원래 무능한 사람이라고 생각할 수도 있다.

실수에 대한 질책을 받았다면 딱 그 일만 객관적으로 생각해야 한다. 이렇게 부정적 신념을 객관화해야 과거의 안 좋은 경험에서 자유로울 수 있다. 지금 잘못한 일만 인식해서 그 부분을 고치면 일반화해버리는 습관도 고쳐진다. 이렇게 부정적인 신념의 범위를 좁혀 나가면 멘탈이 점점 강해진다.

부정적 신념이 굳어버린 사람은 상사에게 질책을 받으면 '난 안 돼'라고 자책한다. 자신감이 결여되고 주눅 든 모습을 보인다. 그 상황을 빨리 회피하려고만 한다. 이런 사람은 만만하게 보여 상사에게 또 비슷한 질책을 받게 될 가능성이 커진다.

★ 질책 → '부정적 신념'으로 인한 자책 → 주눅 → 질책

이런 패턴은 상사가 '괴롭혀도 된다.'는 왜곡된 신념으로 굳어져 결국 악순환에 빠지기도 한다. 이렇게 무능해 보이는 사람이 주변에 있지 않은가?

이런 상황은 하루아침에 만들어지는 게 아니다. 이런 악순환이 계속되면 멘탈이 약해져 자신의 행동을 객관적으로 보기 힘들다. 상황에 대한 이해력이 떨어져서 이른바 부정적 인지 왜곡에 빠지게 된다. 부정적 인지 왜곡이란 상황을 더 부정적으로 왜곡하여 바라보고 판단하는 것

이다. 부정적 인지 왜곡에 빠지면 사소한 지적에도 인격과 능력까지 질책받았다고 생각한다. 이렇게 부분을 전체로 확장하는 것을 '일반화'라고 한다. 이런 상황을 바로잡으려면 자신이 지적받은 것을 정확히 인지해야 한다. 이때 '내가 지적받은 건 이 부분일 뿐이야.'라고 생각하자. 나를 다독여 부정적 사고 영역을 좁혀 나가야 한다.

부정적 경험을 글로 적는다

부정적 신념은 객관적으로 사고하는 것을 방해한다. 객관적으로 상황을 보지 못하게 한다. 부정적 경험을 하면 이를 객관적으로 판단해야 한다. 부정적 경험을 했을 때 느끼는 감정을 글로 적어보면 그 상황을 좀 더 객관적으로 볼 수 있다.

억울한 일을 당하고 나면 혼자 씩씩대며 '내가 왜 그때 그렇게 행동했지?'라며 속앓이를 한다. 이때 억울한 것, 화나는 것, 불안한 것, 부당한 것 등 '지금' 느끼는 것을 적어보자. 글로 적으면 현재의 상황을 객관적으로 볼 수 있고 마음이 편해진다.

얼마 전에 한 친구가 유독 자기한테만 질책하는 상사에게 엄청 깨지고 와서 하소연한 적이 있다.

"그 상황에서 화가 나고 짜증 났던 감정을 노트에 적어 봐."

그 친구는 내 말을 듣고 집에 가서 자기 감정을 노트에 썼다. 다음 날 진짜 효과가 있다며 이렇게 얘기했다.

"마음이 차분해지고 냉정해지더라. 그리고 상사가 나한테 왜 그렇게 했는지도 알 것 같아. 기분이 한결 편해졌어."

감정과 행동을 글로 적으면서 '불쾌한 상황의 나'를 보게 된다. '불쾌한 상황의 나'는 어떤 행동을 했는지 파악할 수 있다. 객관적인 시각으로 보면 나의 사고와 행동에 어떤 문제점이 있는지도 찾을 수 있다. '이렇게 행동을 바꾸면 어떻게 될까?', '이런 사고는 이렇게 바꿔봐야겠다.'고 생각하고 실천할 수 있다.

★ 불쾌한 경험 → 인지(글로 적고 객관적으로 보기) → 행동 변화

이런 반복으로 과거로부터 만들어진 부정적 신념과 왜곡된 생각을 바로잡을 수 있다. 부정적 경험을 글로 적어 보면 흔들리는 멘탈을 강하게 만들 수 있다.

멘탈이 강한 사람은 질책을 받을 때도 떳떳하다. '미처 생각하지 못한 걸 알려주는구나' 하며 질책을 받은 부분의 문제점을 찾아 해결하고 더욱 분발한다. 또는 '내게 관심이 있으니까 꾸짖겠지'라고 생각할 수도 있다. 질책한 사람에게 잘못을 인정하고 조언을 구할 수도 있다. 혹은 상사의 질책이 잘못됐다고 조곤조곤 반론할 수도 있다. 이렇게 하면 질책한 사람도 더는 트집을 잡지 않는다.

★ 과거의 안 좋았던 경험은 부정적 신념을 만들어낸다.

★ 부정적 신념을 자각하고 지금의 상황과 분리해야 한다.

★ 일반화된 부정적 신념의 범위를 좁혀 객관적으로 바라봐야 한다.

★ 일반화된 부정적 신념을 글로 적어 보면 객관적으로 볼 수 있다.

★ 부정적 신념을 객관적으로 보고 범위를 좁혀야 멘탈이 흔들리지 않는다.

★ 지금 하고 있는 일에만 집중하면 멘탈이 단단해진다.

IRON MIND 28 IRON WILL

매너리즘을 극복하는 법

'매너리즘mannerism'은 미술 양식에서 생긴 말이다. 르네상스 미술에서 바로크 미술로 넘어가는 사이(1530~1600년)에 이탈리아에서 나타났던 과도기적인 미술 양식을 말한다. 매너리즘은 르네상스와 바로크의 양대 산맥의 골짜기 정도로 큰 이슈가 없었다. 요즘 매너리즘은 '현재에 안주하여 신선미와 독창성이 없는 것'이란 의미로 쓰이고 있다. 항상 틀에 박힌 방식이나 태도를 취함으로써 더는 발전 없이 무기력한 상태를 매너리즘에 빠졌다고 한다.

매너리즘에 빠지는 심리적 상황을 살펴보자. 뇌의 편도체는 불안한 상황에서 활성화된다. 편도체의 반응 때문에 불안한 것은 피하고 싶어진다. 독창적인 일을 하거나 새로운 도전을 할 때도 낯설고 불편하면 하지 않는다. 그냥 지금 이대로가 좋다며 현재에 안주하게 된다. 매일매일 변화 없이 '어제 같은 오늘'을 보낸다. 이런 상황이 계속되고 익숙해지면 발전이 없고 오히려 도태된다. 이것이 매너리즘이다.

새로운 변화나 기회를 받아들일 때는 결정해야 한다. 결정은 '자기평가'에 달렸다. 자기평가는 자신의 능력이나 특성을 스스로 판단하는 활동이다. 자기평가를 어떻게 바꾸느냐에 따라 우리의 일상이 변한다. 기존의 자기평가를 바꾸지 않으면 매일 접하는 정보가 항상 똑같다고 느낀다. 새로운 기회가 와도 알아차릴 수가 없다. 항상 똑같은 자신의 기준이나 판단으로는 새로울 것이 없기 때문이다. 변화 없는 일상이 계속되면 기존의 자기평가가 굳어진다.

매너리즘에 빠지는 패턴

목표를 세우고 일을 할 때 매너리즘에 빠지는 패턴을 살펴보자. 처음에는 열정과 의욕이 넘친다. 처음부터 매너리즘에 빠지는 사람은 거의 없다. 목표를 100이라고 하자. 의욕을 갖고 80 정도를 달성한다. 이때 '그래 이 정도면 됐어.'라고 생각하는 사람이 있다. 물론 100을 달성하고 만족하는 사람도 있을 것이다. 그다음엔 어떻게 될까? 80을 달성한 사람이 그 상태로 안주하고, 100을 달성한 사람이 다른 목표를 찾지 않으면 더는 변화가 없다. 열정과 의욕 없이 흘러가는 대로 살게 된다.

연초에는 많은 사람이 목표를 세운다. 시간이 지나면서 그 목표를 기억하는 사람은 점점 줄어든다. 연말에 자신의 목표를 기억하기만 해도 대단할 정도다. 매너리즘에 빠진 사람들도 목표를 세우기는 마찬가지다. 매너리즘에서 벗어나고 싶기 때문이다. 목표를 세우면서 수많은 생각을 한다. 생각이 많아지면 점점 안 되는 이유만 찾게 된다. 그게 편도체가 하는 일이다.

멘탈의 연금술

뭔가 하려고 할 때 귀찮고 무기력하면 편도체가 방해한다고 생각하자. 편도체의 방해를 이겨내기 위해 이미 해본 일처럼 시각화를 해야 한다. 작은 목표를 정해 구체적으로 상상해야 한다. 그렇게 잠재의식에 각인시키면 뇌는 그 일을 실제로 해본 것이라고 느낀다. 실제로 그 일을 할 때 편도체는 이미 해본 일이라고 느끼고 반응하지 않는다. 이로써 일을 하는데 귀찮거나 무기력한 기분이 들지 않게 된다.

사소하더라도 작은 목표를 만들어야 한다. 매너리즘에 빠지는 이유 중 하나는 아무런 목표가 없기 때문이다. 매너리즘에 빠지면 편도체의 반응으로 '그건 안 돼, 할 수 없어'라고 미리 '선거절'한다. 일과를 마치고 잠자리에서 오늘 하루를 어떻게 보냈는지 생각해보자. 어제 잠자리에서 생각했던 오늘을 보냈는가? 대부분 어제 잠자리에서도 오늘 어떻게 살 것인지 생각을 안 해봤을 것이다. 그렇게 어제와 같은 오늘을 보낸다. 잠들기 전에 내일 할 일을 생각하고 상상해야 한다.

❶ 잠들기 전에 목표를 구체적으로 상상한다.

청소를 예로 들어보자. '내일은 상품에 쌓인 먼지를 닦아보자'라고 구체적으로 생각한다. 잠들기 전에 내일 상품의 먼지를 닦는 상상을 한다. 구체적으로 머릿속에 그려본다. 청소 도구와 청소하는 방법도 시각화한다. 하루에 한가지씩만 닦아도 된다. 일단 하나라도 하는 것이니까. 이렇게 잠들기 전에 상상하는 것은 잠재의식에 큰 영향을 준다.

❷ 내일 할 일을 정하고 구체적으로 시각화한다.

잠재의식은 상상하는 것과 실제를 구분하지 못한다. 특히 잠들기 전에 생각하는 것은 잠재의식이 잘 받아들인다. 자기 최면을 거는 것이다. 내일이 되면 어젯밤에 구체적으로 상상했던 일을 뇌는 경험해본 일이라고 느낀다. 전날 시각화했던 일을 하는데 거부감이나 불편함이 없어진다. 편도체의 반응 없이 어제 목표한 일을 할 수 있다. 매너리즘을 극복하려면 작은 목표와 시각화를 통해 사소한 일부터 시작해야 한다.

메모는 뇌를 자극한다

나는 생각이 많아서 머리가 복잡하면 일단 펜을 든다. 펜을 들고 있으면 낙서라도 하게 된다. 가족이나 친구, 회사 동료의 이름을 쭉 적기도 한다. '적자! 생존'이라는 말이 있다. 적어야 산다는 말이다. 메모는 가만히 앉아서도 할 수 있다. 무기력할 때도 부담이 없다. 칸트는 "손은 바깥으로 드러난 또 하나의 두뇌"라고 했다. 메모하면서 뇌를 자극할 수 있다. 무심코 글을 적다 보면 머릿속으로만 생각했던 것을 구체적으로 알게 된다. 메모하면서 뇌를 자극하면 좀 더 쉽게 구체적인 행동으로 옮길 수 있다.

매너리즘에 빠져 무기력하고 생각이 굳었을 때는 메모가 도움이 된다. 메모하면 뇌가 자극을 받고, 적어놓은 글을 보면 목표가 생기고 의욕이 솟구친다. 메모는 시각화에도 도움이 된다. 목표를 적거나 낙서하듯 그림을 그리기만 해도 뇌를 자극해 생각의 폭이 커진다. 목표를 손으로 적고 눈으로 보면 행동하기가 쉽다.

골프용품을 골프숍에 납품하다 보면 가끔 매너리즘에 빠진 사장들을 본다. 첫눈에 딱 봐도 알 수 있는 것이 청소상태다. 이런 사장들은 TV 〈골목식당〉에도 나온다. 친분이 두터운 거래처에 가면 안타까워서 가끔 잔소리를 한다. 10년 전의 내 모습을 보는 것 같기 때문이다. 매너리즘에 빠졌던 나는 매장에서 영화를 보고 게임하면서 하루를 보냈었다. 여기저기 뽀얗게 쌓인 먼지는 신경 쓰지 않았다. 정말 아무것도 하기 싫다면 일단 청소부터 하자. 쓸고 닦고 정리하다 보면 성취감과 의욕이 생긴다.

이것은 장사하는 사람에게만 해당되는 것은 아니다. 사무실에서 일할 때 무기력하다면 책상 정리부터 하자. 서랍을 열어보면 먹다 남은 과자 부스러기가 있을지도 모른다. 다 쓴 볼펜이 굴러다니기도 한다. 미뤄놓은 장부 정리를 하고 컴퓨터에 필요없는 파일도 삭제하자.

매번 의욕적으로 일을 할 수는 없다. 신체에 바이오리듬이 있듯이 일을 할 때도 바이오리듬이 있다. 잠들기 전에 내일 할 일을 상상해보자. 일이 손에 안 잡히면 낙서라도 하고 청소를 해보자. 매너리즘을 극복하면 최강 멘탈이 된다.

★ 작은 목표를 정해야 실천하기 쉽다.

★ 편도체의 반응이 일어나지 않게 작은 행동으로 매너리즘을 극복해야 한다.

★ 매너리즘에 빠졌을 때 시각화를 통해 뇌를 자극하고 행동할 수 있다.

★ 메모하는 습관을 들이면 매너리즘을 극복할 수 있다. 손으로 적고 눈으로 보면 뇌를 자극할 수 있다.

★ 잠재의식에 내일 할 일을 각인시키면 행동으로 옮기기가 쉬워진다.

★ 무기력한 오늘과 다른 내일을 살기 위해 잠들기 전 내일 할 일을 구체적으로 상상해보자.

IRON MIND 29 IRON WILL

실현 가능한 목표와 시간별 계획을 세운다

누구에게나 삶의 목표가 있다. 계획한 대로 잘되지 않거나 목표를 이루지 못하면 의욕이 떨어지고, 계획한 목표를 달성하면 자신감이 넘친다.

실현 불가능한 목표를 세우면 달성할 수 없다. 현실적으로 노력해서 달성할 수 있는 목표를 정해야 한다. 자신을 과소평가하라는 얘기가 아니다. 현실과 격차가 너무 큰 목표는 달성하기 힘들다. 목표를 정할 때는 '진정 내가 이루고 싶은 목표인가?'를 제일 먼저 생각해야 한다. 목표를 이루기 위해 진심으로 노력하고 싶은 것이어야 한다. 남의 지시로 어쩔 수 없이 달성해야 하는 목표는 내 목표가 아니다.

비현실적으로 너무 높은 목표나 거창한 목표를 세우는 경우가 흔하다. '목표니까 높게 잡는 거지.' 틀린 말이 아니다. 원래 목표는 조금 높게 잡는 게 좋다. 문제는 너무 높은 목표를 잡다 보면 달성하는 횟수가 줄어든다는 점이다. 목표를 달성해야 자신감이 생겨 다음 목표를 정할 때 힘이 난다.

자신이 노력해서 달성할 수 있을 만한 목표를 정해야 '언제까지'라는 기간을 정할 수 있다. 현실적인 목표를 언제까지 달성할지 구체적인 기간을 정해야 한다. 목표는 막연하게 정하면 안 된다. '영어 공부를 해야지.'는 목표가 아니다. '길을 묻는 외국인에게 안내를 할 수 있는 정도로 영어 공부를 해야지.'처럼 될 수 있으면 구체적으로 목표를 정해야 한다. 목표를 정할 때는 수치화할 수 있으면 더욱 좋다. 목표를 수치화해야 하는 이유는 얼마만큼 달성했는지 중간점검이 가능하기 때문이다. '올해는 연봉 1억을 달성한다.'처럼 구체적인 수치로 목표를 정해야 한다. 이처럼 목표가 수치화되면 달성하는 기간을 정해 중간점검을 할 수 있다. 구체적이고 수치화된 목표가 중요하다.

목표를 세분화하여 계획을 세운다

목표를 정하는 것만큼이나 계획을 짜는 것도 중요하다. 목표는 구체적이어야 하고, 계획은 구체적인 절차, 방법, 규모가 있어야 한다.

최종목표를 정했으면 목표를 세분화하여 작은 목표들을 여러 개 만들어야 한다. 연간 목표는 상반기, 하반기로 나눈다. 상반기 목표는 월별 목표로 6등분한다. 월별 목표는 주 단위로 나누고, 주 단위 목표는 일별 목표로 세분화한다. 이렇게 작게 잘라놓으면 막연함이 없어진다. 작은 목표를 성취하다 보면 자신감도 생기고 최종목표를 달성하게 된다.

목표를 세분화하면 단위별로 작은 목표들을 점검할 수 있다. 일간, 주간, 월간 목표를 점검하면 뭐가 잘 되고, 뭐가 안 되는지도 알 수 있다. 잘 되고 있다면 계속 꾸준히 하면 된다. 안 되는 것은 더 노력하거나 수정할 수 있다. 작은 목표를 수정할 때는 최종목표 안에서 해야 한다. 이렇게 세분화한 목표를 점검하는 것은 경험으로 쌓인다.

일본 작가 시라토리 하루히코는 《기꺼이 나로 살아갈 것》에서 "처음부터 끝까지 전적으로 관여한 일만 자신의 경험으로 쌓인다. 경험이 쌓이면 자연스레 다음 단계를 위한 발판이 된다."라고 했다. 작은 목표를 달성하면 성공 경험을 쌓을 수 있다. 작은 성공 경험들이 쌓여서 목표를 달성하게 된다. 이는 다음에 한 단계 높은 목표를 정할 수 있는 원동력이 되고 점점 성장할 수 있게 해준다. 세분화한 목표를 달성하면 자신감과 성취감이 강해진다.

멘탈의 연금술

세분화된 작은 목표를 평가하고, 수정하고, 확인하는 것이 곧 계획을 세우는 것이다. 이 안에 절차, 방법, 규모 등이 다 들어 있다. 작게 나누면 나눌수록 목표를 달성할 확률이 높아진다.

나는 목표를 정한 다음에는 종이에 적는 일을 제일 먼저 한다. 목표를 달성하는데 필요한 작은 목표를 적고, 작은 목표를 달성하는데 필요한 더 작은 목표를 적는다. 이렇게 최대한 목표를 세분화해서 적는다. 목표가 작아질수록 이루는데 필요한 것들이 구체적으로 떠오른다. 구체적으로 자세히 적은 목표는 실천하기가 쉽다. 작은 목표를 실천해서 달성했다면 그 과정도 적는다. 목표를 성취한 기분도 적는다. 이렇게 기록하다 보면 하루하루 변화되는 나를 느낀다. 기록을 남기면 목표를 달성하는 속도를 알 수 있다.

목표를 정할 때는 방해가 될 만한 일과 대책도 구체적으로 적는다. 내가 정한 목표는 자신과의 약속이나 다름없다. 책임감이 있어야 멘탈이 흔들리지 않고 최상의 결과를 얻을 수 있다. 주변 사람들에게도 내 목표를 얘기하고 응원과 격려를 부탁한다. 나만 알고 있는 것보다 여러 사람이 알고 있으면 책임감은 더 강해진다. 이것도 계획의 일부분이다.

매일 다짐만 해서는 되는 일이 없다. '오늘까지만 먹고 내일부터 다이어트하겠다.'는 식이어서는 곤란하다. '내일부터 시작하자.' '다음 주부터 시작하자.'는 금물이다. 목표를 정하고 계획을 세우는 것도 지금, 시작도 지금부터 해야 한다.

★ 구체적인 목표를 정하고, 세분화한 계획을 세워 종이에 적어보자.

★ 세분화된 구체적인 목표는 달성 가능성을 높인다.

★ 하루하루 목표를 달성해 나가면 자신감이 커진다.

★ 오늘 할 일을 미루고 내일 하겠다고 하면 목표를 미루고 계획도 무너진다.

★ 사소한 것이라도 거르지 말고 계획대로 꾸준히 한다.

★ 작은 성과들은 경험으로 쌓여 더 큰 목표를 이루는데 두렵지 않게 한다.

★ 목표를 달성하면 성취감이 생겨 멘탈이 강해진다.

세계 최고의 선수처럼 이미지트레이닝을 한다

뇌는 상상하는 것과 실제의 차이를 구분하지 못한다. 머릿속 이미지가 실제처럼 구체적이면 현실에서 똑같은 감정이나 기분까지 느낄 수 있다. 중요한 일을 앞두고 그 상황을 머릿속에 세밀하게 이미지로 만들면 멘탈이 강해진다.

세계적인 운동선수들은 최상의 결과를 내야 할 때, 실력 향상이 필요하거나 슬럼프에 빠졌을 때 이미지트레이닝을 한다. 이미지트레이닝은 미래의 퍼포먼스를 실제처럼 머릿속으로 시뮬레이션해보는 것이다. 머릿속에서 모든 감각이 현실처럼 느낄 수 있도록 생생하게 그려야 한다.

KBS 스페셜 다큐에서 역도 금메달리스트 장미란 선수의 훈련 과정을 본 적이 있다. 훈련 전에 명상을 하는데 그것이 바로 이미지트레이닝이다. 경기하는 모습뿐 아니라 전날 자는 것, 먹는 것 등 사소한 것까지 모두 이미지로 그린다. 시합과 관련한 사소한 내용도 글로 쓴다. 마치 영화 속 장면이나 배우의 행동, 대사를 상세하게 표현한 시나리오를 쓰는 것 같다. 그것을 그대로 시합할 때 적용한다. 뇌는 이미 자주 겪은 일이라고 인식하여 실전에서도 똑같은 반응을 나타낸다.

중요한 일을 앞두고 구체적으로 상상하면 실전에서도 같은 결과를 얻을 수 있다. 몸짓, 손짓, 말투도 똑같이 이미지트레이닝 할 수 있다. 상상하는 이미지가 생생할수록 효과는 더 커진다. 새콤한 석류를 입에 넣는 상상만으로도 입에 침이 고이는 것과 같다.

클리블랜드병원 러너연구소의 비노스 랑가나단 박사와 광 예 박사는 〈마음을 이용한 근력 키우기〉라는 논문에서 신체 운동을 하지 않고 이미지트레이닝만으로 3개월간 팔꿈치 근육이 15% 증가되었다는 결과를 내놓았다. 특정 부위를 운동하는 상상을 했더니 뇌파를 통해 그 부위의 근육이 운동한 것처럼 단련되었다고 한다. 이미지트레이닝만으로도 실제로 근육이 증가된다.

생생하게 꿈에서 본 이미지가 실제처럼 느껴질 때가 있다. 이때는 마치 실제상황처럼 몸이 반응한다. 기분 좋은 꿈을 꿀 때는 웃기도 한다. 악몽을 꿀 때는 맥박이 빨라지고 혈압도 상승한다. 온몸이 긴장하고 땀이 난다. 비명을 지르며 벌떡 일어나기도 한다. 이렇게 꿈에서 본 생생한 이미지가 신체의 변화를 가져온다. 꿈에서만이 아니다. 이미지트레이닝으로도 얼마든지 가능하다. 실제처럼 상상하면 몸은 상상한 대로

긍정 확언

— 나는 자신 있다.

— 나는 인내심이 강하다.

— 나는 포기하지 않는다.

— 나는 반드시 우승한다.

— 나는 목표를 이룬다.

— 나는 목표를 향해 한 걸음씩 나아가는 과정이 즐겁다.

반응하고 실전에서도 강한 멘탈을 유지할 수 있다.

좋은 결과를 구체적으로 상상하면 자신감이 생긴다

중요한 일을 앞두고 있으면 마음먹은 것처럼 안 될까 봐 걱정한다. 아직 일어나지 않은 일에 대한 두려움 때문이다. 긴장하면 원하는 결과를 얻기 힘들다. 나는 중요한 계약이 있는 날은 이미지트레이닝으로 미리 그 상황을 시뮬레이션한다. 명상하듯이 마음을 안정시키고 실제 상황에서 해야 할 것들을 구체적으로 머릿속으로 그려본다. 준비 과정부터 클로징까지 머릿속에서 짧은 영화 한 편을 만들면 자신감이 강해진다.

회사에서 중요한 프레젠테이션을 할 때도 마찬가지다. 대부분은 자료를 먼저 찾고 내용을 숙지하고 발표를 준비한다. 이때 능숙하지 않은 사람은 발표하는 것에 두려움을 가질 수 있다. 발표할 내용을 알고 있더라도 돌발 상황에서는 긴장할 수 있다. 프레젠테이션을 할 때도 이미지트레이닝을 하여 발표를 준비하면 부담감에서 벗어날 수 있다. 돌발 상황까지 포함하여 모든 상황을 먼저 시뮬레이션해본다. 뇌가 이 상황에 익숙해지도록 하면 실전 상황에서도 멘탈이 편안하다.

운동 경기에서도 이미지트레이닝은 큰 도움이 된다. 얼 우즈는 아들인 타이거 우즈에게 퍼팅라인을 그려 홀인하는 것을 상상하도록 가르쳤다. 타이거 우즈는 퍼팅이 연속해서 성공하는 것을 구체적으로 상상했다. 뿐만 아니라 매번 샷의 여러 변수까지도 이미지로 그렸다. 아마추어 골퍼도 마찬가지다. 좋은 스윙을 보고 그것과 똑같은 스윙을 이미지화해서 상상하면 실력이 점점 좋아진다. 항상 긴장되는 티그라운드에서 긴장하지 않고 자신감 있게 샷을 할 수 있다.

이미지트레이닝은 고객과의 계약 상황에서도 큰 도움이 된다. 나는 파이낸셜 컨설턴트이기에 계약상황이 얼마나 중요한지, 얼마나 긴장되는지 잘 안다. 사업자 컨설팅은 고액 계약이 대부분이다. 소개받은 고객과 첫 미팅 이후에 빠르면 다음 날, 최소 1주일 안에 계약이 진행된다. 때문에 고객에 대한 정보가 제한적이고 신뢰 형성이 안 된 상태에서 컨설팅을 한다. 청약서를 들고 가서 우물쭈물하다 사인을 받지 못하면 멘탈이 탈탈 털린다. 나는 이런 상황을 극복하기 위해 사인받는 장면을 구체적으로 상상했다. 고객과 만나는 장소, 분위기, 자리 배치, 어휘 선택 등을 실제처럼 이미지트레이닝한다. 계약에 성공하는 최고의 방법이다.

효과적으로 이미지트레이닝하는 방법을 살펴보자.

❶ 제3자의 눈으로 내려다보듯 상황을 그려본다. 마치 무대의 관객이 되어 관람하듯 이미지를 그린다.

❷ 모든 이미지를 컬러로 상상하면 더욱 효과가 좋다.

❸ 익숙해지면 그 상황을 일인칭시점으로 다시 그려본다.

❹ 구체적으로 상상하는 것이 어렵다면 이미지가 잘 떠오를 때까지

연습한다.

멘탈의 연금술

노력하는 만큼 실력이 늘지 않을 때가 있다. 이때는 자신감과 멘탈이 약해지기 마련이다. 뉴욕대학교 심리학과 교수인 가브리엘 외팅겐의 《무한긍정의 덫》에서는 부정적인 상상도 필요하다고 한다. 긍정적인 목표를 정한 후 이에 따르는 장애물도 상상해보는 것이다. 연구결과 이렇게 상상하는 것이 현실적인 목표를 성취하는 데 도움이 된다고 한다. 다만 운동습관을 만드는 데에는 효과가 없다고 하니 주의하자. 긍정적인 목표와 극복해야 하는 장애물에 관한 것도 함께 이미지로 그려야 한다. 단계적으로 성취감을 느끼다 보면 자신의 한계를 이겨낼 수 있다.

슬럼프에 빠졌을 때는 최고의 순간을 상상하면 슬럼프 극복에 도움이 된다. 운동선수들은 슬럼프가 오면 최고의 순간이 담긴 영상을 보며 그 순간을 생생하게 떠올린다. 그때의 강한 멘탈을 다시 회복하는 것이다. 슬럼프에 빠졌을 때는 최고의 순간을 이미지화하여 상상하자. 자신이 가장 잘했을 때의 모습, 가장 행복했을 때의 기분, 최고의 순간을 떠올리자. 그때 입었던 옷, 했던 말들, 표정까지도 생생하게 상상하자. 최고의 순간, 최고의 멘탈이 다시 돌아온다.

상상을 통해 이미지를 그리다 보면 '뇌 근육'이 단련된다. 이미지트레이닝으로 자신감, 집중력, 잠재력이 강화된다. 트리니티 칼리지의 이안

로버트슨 교수는 "시각화는 대뇌 신경의 회로를 다시 편집한다."라고 했다. 시각화는 성과 향상에 직접적인 영향을 미친다는 것이다. 성과가 더디다고 느껴진다면 이미지를 구체적으로 상상해보자.

★ '상상하면 이루어진다'는 말이 있듯이 구체적인 이미지를 상상해서 많은 것을 얻을 수 있다.

★ 실제처럼 이미지트레이닝으로 시뮬레이션하면 멘탈이 강해진다.

★ 공부, 운동경기, 업무 등에서 이미지트레이닝으로 자신감, 집중력, 성취감을 높일 수 있다.

★ 어떻게 원하는 것을 얻을지 실제처럼 생생하게 그려보자. 감정이나 기분까지도 직접 느낄 수 있다.

★ 슬럼프에 빠졌다면 최고의 순간을 떠올린다.

★ 이미지트레이닝은 그야말로 멘탈 트레이닝이다.

자기평가는 하되 자기비하는 하지 마라

자신을 평가할 때는 긍정적인 관점에서 해야 한다. 자신에게 좋은 평가를 해야 자신을 좋아할 수 있다. 자책하거나 부정적인 평가를 하면 무력감이나 좌절감을 느낄 수 있다. 자신을 탓하거나 비관적으로 평가하면 자신을 좋아할 수 없다. 스스로 좋은 친구가 되고 존중할 줄 알아야 남들도 나를 존중한다. 스스로 사랑하고 존중해야 자신의 삶에 책임질 수 있다. 스스로 책임지는 사람은 남의 탓이나 환경 탓을 하지 않는다.

때로는 스스로 책임지지 못하는 일이 생기기도 한다. 이때 자신을 새롭게 평가하는 기회가 된다. 자신이 잘 모르거나 생소한 일에 두려움이 느껴지더라도 긍정적으로 생각해야 한다. 두려움과 부정적인 감정이 생기더라도 자책하거나 자기비하를 해서는 안 된다.

자신이 잘 모르는 일은 주변 사람들에게 피드백을 받을 수 있다. 나에 대한 다양한 평가도 들어보는 것이 좋다. 남의 평가가 다 옳은 것은 아니기에 참고만 하고 자신의 기준으로 긍정적으로 받아들여야 한다.

누군가의 피드백을 받았을 때 최대한 중립적인 입장에서 판단해야 한다. 부정적인 평가도 자신의 기준에서 인정해야 한다. 자기평가가 좋지 않아서 마음이 불편할 수도 있지만 자책할 필요는 없다. 이런 경험으로 자신을 성장시키는 계기가 되고, 책임질 수 있는 그릇이 더 커지게 된다. 성장하는 모습을 보면 주변 사람들도 결국 나를 이해하고 존중하게 된다.

실수했을 때도 마찬가지다. 자신의 실수에 관대해져야 자책하지 않고 멘탈이 흔들리지 않는다. '난 안 돼.', '내가 하는 게 다 그렇지.' 이렇게 생각할 필요는 없다. 누구나 실수하고 시행착오를 경험하며 성장한다. 자신의 실수를 탓하지 말고 관대한 마음으로 격려해야 한다. 자신을 포용하고 위로하는 방법도 배워야 한다. 좋은 친구에게 격려하듯 자신에게 용기를 주고 힘이 되어 줘야 한다.

내가 왜 한심한 실수를 했지?

—괜찮아. 그럴 수도 있지.

실수에 자책하며 낭비하는 감정과 시간을 같은 실수를 되풀이하지 않는 방법을 찾는데 써야 한다. 잘할 수 있었던 일에 실수했다면 조금만 더 신경 쓰면 된다. 잘 모르는 일에 실수했다면 확실하게 배우면 된다. 배움에는 시간이 걸린다. 그 시간 동안 자책하지 말고 관대한 마음으로 자신의 배움에 격려해야 한다.

자신을 있는 그대로 사랑한다

자기평가를 할 때는 있는 그대로의 모습을 받아들여야 한다. 가식적으로 나를 꾸미면 자신도 불편하고 보는 사람도 어색하다. 자신을 다른 사람과 비교하면 장점보다는 부족한 면에 초점이 맞춰진다. 좀 부족하다고 자기비하를 하면 자신과 친해지기 어렵다. 부족한 면도 내 모습이다. 자신의 있는 그대로의 모습을 받아들여야 자신을 사랑할 수 있다.

톱스타 이효리는 결혼 후 방송에 복귀하면서 “잊힐까 봐 좀 무서웠어요.”라고 솔직하게 자신의 속내를 밝혔다. 자신의 두려움마저도 방송에서 대놓고 이야기한다. 두려움뿐만 아니라 당당함도 있는 그대로 표현한다. 이효리가 〈한끼줍쇼〉 프로그램에 출연한 적이 있다. 지나가는 아이에게 다른 출연자가 “훌륭한 사람이 돼야지.”라고 말하자 이효리는 “뭘 훌륭한 사람이 돼? 하고 싶은 대로 그냥 아무나 돼.”라고 말했다. 어른들의 ‘훌륭한’이라는 사회적 기준이 아닌 자신의 삶을 살라는 조언이었다. 비교하는 삶에서 벗어나 자신의 인생을 살라고 말한 이효리는 당당해 보였다.

자신의 모습에 당당해야 남과 비교하는 삶에서 벗어날 수 있다. ‘훌륭

긍정 확언

— 내 인생의 시나리오는 내가 쓴다.

— 내 인생의 주인공은 나다.

— 나는 인생의 목적지가 분명하다.

— 나는 원하는 목표를 이룬다.

— 나는 자신감이 넘친다.

한' 기준은 자신이 잘되는 상황에서도 부족함에 초점을 맞추게 한다. 부족한 건 부족한 대로 받아들이면 남과 비교할 이유가 없어진다. 자신의 기준에 맞춰 있는 그대로의 모습으로 자신을 평가해야 자기비하를 하지 않는다. 자신의 모습에 당당해야 멘탈도 단단해진다.

★ 우리는 자신이 어떤 가치가 있는지 평가하고 그에 맞게 행동한다.

★ 자신을 있는 그대로 받아들이고 긍정적으로 평가해야 나 자신과 친해진다.

★ 자신의 실수에 관대해야 부정적인 감정에 빠지지 않고 자기비하를 하지 않는다.

★ 자기비하를 하지 않아야 스스로 좋은 친구가 된다.

★ 자신을 비하하면 남들도 나를 만만하게 본다.

★ 자신을 사랑하는 사람이 행복한 사람이다.

★ 자신을 존중하면 남들도 나를 존중한다.

★ 자신을 존중하고 스스로 좋은 친구가 되면 멘탈이 강해진다.

남의 평가에 신경을 곤두세우지 않는다

외출할 때 왠지 옷차림과 머리 모양이 마음에 안 들 때가 있다. 사람들이 이상하게 볼까 봐 신경이 쓰인다. 어제 입은 옷을 입고 나가면 '저 사람은 매일 같은 옷만 입네.'라며 흉볼 것 같은 생각도 든다. 외출할 때마다 '옷을 잘 입고 나왔나?', '셔츠와 넥타이가 잘 어울리나?' 별별 생각을 한다. 하지만 사람들은 나에게 그다지 관심이 없다. 주변의 시선을 과하게 의식할 필요는 없다. 사람들이 나를 어떻게 생각하는지 신경을 곤두세우지 않아도 된다. 사람들은 저마다 바쁘게 살고 자기 일에 신경 쓰느라 내가 생각하는 것만큼 나에게 신경 쓰지 않는다.

코넬대학교의 토머스 길로비치 교수는 한 학생에게 1970년대 인기 가수 베리 매닐로우 얼굴이 새겨진 티셔츠를 입혀 실험실에 들여보냈다. 20대 학생이 입기엔 좀 특이한 티셔츠였다. 실험실에 다녀온 학생에게 질문했다. "자네가 입은 티셔츠를 알아차린 사람이 몇 명이나 될 것 같은가?" 학생은 특이한 티셔츠이니 절반 정도는 알아차렸을 것 같다고 답했다. 실제로는 실험실에 있던 사람들 중에 23%만이 그 티셔츠를 보았다. 또 다른 학생들에게도 실험한 결과, 평균적으로 8%만이 특이한 티셔츠를 알아챘다.

이 실험은 사람들이 옷차림에 얼마나 관심이 있는지 관심 정도를 알아본 것이다. 특이한 티셔츠를 입었으니 사람들이 관심 있게 쳐다볼 것이라고 생각했지만 실제로 관심을 가진 사람은 얼마 되지 않았다. 이처럼 사람들은 나에게 관심이 없다. 토머스 길로비치 교수는 이것을 '조명효과Spotlight Effect'라고 했다.

골프용품 유통업을 하던 시절에 나는 빨강, 파랑, 노란색의 스포티한 옷만 입었다. 보험업을 처음 시작할 때 정장 한 벌을 사서 3개월 동안 매일 입었다. 매일 똑같은 양복을 입었는데도 알아보는 사람이 아무도 없었다. "옷 한 벌 더 사."라고 말해 주는 사람도 없었다. 주변에 자신의 옷차림이나 머리 모양 때문에 투덜대는 사람을 보면 이렇게 말한다.

"괜찮아. 아무도 안 쳐다보고 신경도 안 써."

남에게 피해를 주지 않는다면 자신의 행동 하나하나에 눈치를 살필 필요는 없다.

신경 끄기의 기술을 알면 멘탈이 편해진다

실수했을 때 남이 봤으면 어쩌나 생각하며 얼굴이 빨개지기도 한다. 얼굴이 빨개진 것까지도 들킬까 봐 신경 쓰는 사람이 있다. '남이 나를 어떻게 생각할까?'라는 생각을 내려놓아야 한다.

누군가에게 인사했는데 그냥 지나쳐버리는 경우가 있다. 친구나 지인에게 안부 메시지를 보냈는데 답장이 없거나 늦을 때도 있다. 이때 혼자 온갖 상상을 한다. 멀쩡한 뇌를 편도체가 자극해 불안하게 만드는 것이다. '나를 무시하나?', '나를 싫어하나?'라는 생각이 들고, 한편으로는 '나를 못 봤겠지.' '너무 바빠서 답이 없는 거겠지.'라며 스스로 위로한다. 사소한 일에도 마음이 온탕과 냉탕을 들락거린다.

워털루대학교의 데이비드 모스코비치 박사는 사람들이 자신의 모습을 들킬까 봐 불안해하는 것을 찾아냈다. 쑥스러울 때 귀가 빨개지거나, 긴장하면 말을 더듬기도 한다. 이런 반응은 남들에게 들킬까 봐 두려워하기 때문에 나타난다. 성격도 마찬가지다. 자신의 성격을 못마땅해하는 사람은 그 성격을 남이 알아차리는 것을 싫어한다. 모스코비치 박사는 사람들이 두려워하는 것은 자신의 모습이 드러나는 것이라고 했다. 자신이 숨기려고 하는 것이 드러날까 봐 두려워한다는 것이다.

콤플렉스는 자신이 만들어낸 것이다. 자신이 생각하는 단점 때문에 남들이 무시하는 것 같다고 느끼게 된다. 그 단점을 숨기려고 다른 방법으로 더 과장되게 표현한다. 이런 행동은 남의 시선을 의식해서 자신의 단점을 숨기려고 과장하는 것이다. 정작 남들은 개의치 않는 것도 자기 혼자 고민하고 신경 쓴다. 남과 얘기하다 보면 그 콤플렉스가 크게 신경 쓸 일이 아니라는 것을 알게 된다.

자신을 사랑하면 남의 시선에서 자유로울 수 있다. 칭찬받기 위해, 좋은 사람이라는 평가를 받기 위해 가식적으로 살면 타인을 의식한 삶을 사는 것이다.

내가 생각하는 것만큼 남들은 나에게 관심이 없다. 타인의 시선에 신경 쓰며 내 삶의 초점을 남의 시선에 맞출 필요는 없다. 나의 실수나 실패를 남들은 그저 '남의 일'이라고 생각한다. 좋지 않은 일이 생겼을 때 남들이 손가락질할까 봐 미리 걱정할 필요도 없다. 남들이 비난할까 봐 걱정하지 말고 삶의 기준을 자신에게 맞추면 멘탈이 흔들리지 않는다.

★ 사람들은 바쁘고 자기 일에 신경 쓰느라 내 옷차림이나 머리 모양에 별로 관심이 없다.

★ 남의 시선을 너무 의식하면 삶이 피곤하다.

★ 삶의 초점을 자신에게 맞추면 남의 시선에서 자유로워진다.

★ 나를 어떻게 생각할까 신경을 곤두세우지 않아도 된다.

★ 자신이 만들어낸 콤플렉스로 혼자 스트레스받지 않아야 한다.

★ 삶의 초점을 타인이 아니라 자신에게 맞추면 남을 의식하지 않고 멘탈이 강해진다.

5장

최강 멘탈 실전 연습

IRON MIND 33 IRON WILL

목표를 글로 적어야 목적지에 도달한다

"당신은 어떤 목표를 이루고 싶습니까?"

이 질문에 선뜻 대답하는 사람이 드물다. 정확한 목표 없이 인생을 사는 사람이 많다. 자신이 어떻게 살고 싶은지 생각은 해보지만 막연해서 대충 둘러대기도 한다. "돈 많이 벌고 싶다." "건물주가 되고 싶다." "성공하고 싶다." 이것은 목표가 아니다. 자신이 진정으로 원하는 목표가 있다면 글로 적어야 한다. 목표를 구체적으로 알고 있어야 그에 맞는 행동을 할 수 있다.

목표를 글로 적어야 인생의 내비게이션이 작동한다. 연기하는 배우들만 시나리오가 필요한 게 아니다. 인생 시나리오를 작성하고 그에 맞게 살면 시나리오대로 삶이 흘러간다. 목표를 글로 적어야 원하는 삶에 한발 다가설 수 있다. 목표가 정확하고 구체적일수록 목표를 달성할 수 있는 확률이 높아진다. 인생의 목표를 세우는 게 어렵다면 먼저 한 달 동안 이루고 싶은 작은 목표부터 적어보자.

미국의 통계기관Statistic Brain에서 발표한 '새해 결심 통계'는 눈여겨볼 만하다. 미국 전체 인구의 9%만이 새해에 결심한 목표를 달성했다. 62%가 새해 목표를 작성하고, 그중 46%는 6개월 이상 계획을 실행했다. 여기서 눈여겨볼 것은 목표를 작성한 62% 중 6개월 이상 실행한 46%는 전체 인구의 28%란 점이다. 전체 인구의 9%가 새해 목표를 달성했다면 28명 중 9명이라는 얘기다. 이 결과로 알 수 있는 것은 새해 목표를 글로 작성하고 6개월 이상 실행하면 세 명 중 한 명은 목표를 달성한다는 것이다. 실로 엄청난 달성률이다.

머릿속에 생각한 목표를 끄집어내야 한다. 자신의 목표를 구체적인 글로 표현해야 한다. 목표는 인생의 방향이다. 목표가 구체적이어야 헤매지 않고 그에 맞는 행동을 할 수 있다. 자신이 뭘 원하는지도 모르고 '어떻게든 되겠지.'라고 생각하면 안 된다. 구체적인 목표가 없는 삶은 시간 때우기 삶이다.

인생의 내비게이션에 정확한 목표를 입력한다

여러 번 다녀서 아는 길은 그냥 가지만, 잘 모르는 길을 갈 때는 내비게이션에 목적지를 입력하고 출발한다. 목표도 마찬가지다. 평소에 잘

하고 잘 아는 것을 목표로 삼지는 않는다. 목표는 지금의 현실 너머에 있는 것이다. 잘 모르는 미래를 향해 갈 때는 정확한 목표를 정해야 한다. 정확한 목표를 인생 내비게이션에 입력해야 목적지에 정확하게 도착할 수 있다.

인생은 그리 호락호락하지 않다. 목표 없이 낙관적인 생각으로만 살면 최악의 상황을 맞이할 수도 있다. 제임스 C. 콜린스의 '스톡데일의 역설Stockdale Paradox'은 최악의 상황에서도 목표를 정하고 실행해야 함을 시사한다. 베트남 포로수용소에서 8년의 세월을 견딘 스톡데일 장군은 콜린스와의 대화에서 이렇게 말했다. "상황을 낙관한 사람들은 크리스마스 전에는 나갈 수 있을 거라고 믿다가 크리스마스가 지나면 부활절이 되기 전에는 석방될 거라고 믿음을 이어 나가고…… 반복되는 상실감에 결국 죽게 됩니다."

근거 없는 희망을 가진 낙관론자와 "풀려나긴 글렀어. 여기서 죽게 될 거야"라고 포기한 비관론자는 죽음을 면치 못했다. 자신의 목적지를 정확히 아는 사람과 모르는 사람은 하늘과 땅 차이다. 목적지를 정확히 알면 최악의 상황에서도 어떻게 갈지를 고민한다. 가는 길이 공사 중이면 경로를 바꿔 돌아가기도 한다. 그러나 목적지가 막연하면 '어디든 도착하겠지.'라고 생각한다. 현실을 직시하지 않은 낙관적인 생각으로 운전하는 것은 엉뚱한 목적지를 향해 달려가는 것과 같다. 정확한 목적지를 알아야 최악의 상황을 견디고 이겨낼 수 있다.

뭘 해야 할지 모를 때는 오늘 할 일 딱 세 가지만 적어보자. 영업자들은 어디를 가야 할지 고민할 때가 있다. 프리랜서로 영업하는 사람들은 갈 곳이 없으면 아침부터 멘붕이 온다. 누구를 만날지 어디를 가야 할지 정확한 목적 없이 돌아다니면 온종일 일이 꼬이기 마련이다. 나는 오늘 할 일을 정확히 글로 적어 목표를 정한다. 다이어리에 적어놓고 눈으로 보고 오늘 목표를 달성한다. 오늘 가야 할 목적지를 입력하고 출발해야 멘탈이 흔들리지 않는다.

나의 인생 시나리오를 구체적으로 작성한다

인생은 장편 영화와 같다. 자신이 주인공인 시나리오를 작성해야 한다. 시나리오를 쓰려면 자신이 원하는 삶이 뭔지 구체적으로 알아야 한다. 원하는 삶은 목표다. 진정으로 자신이 원하는 목표에 대해 생각해야 한다. 언제까지 어떤 목표를 이룰 것인지 구체적으로 시나리오를 작성해야 한다.

우리는 실패를 두려워하는 만큼 성공도 두려워한다. '내가 그걸 할 수 있을까?', '나 같은 사람이 어떻게 할 수 있겠어?' 원하는 것이 있어도 그 꿈을 이루지 못하는 증거만 계속 찾아낸다. 자신이 진정 원하는 것이 있으면서도 이루지 못하게 가로막는 것에 집중한다. 이루고 싶은 꿈이 있다면 두려움을 떨쳐버리고 자신이 진정 원하는 목표를 향해 나아가야 한다.

몇 년 전 네트워크마케팅 회사의 1박 2일 세미나에 참여한 적이 있다. 첫째 날 교육 마지막 시간에 인생 시나리오를 작성했다. 회장님이 강단에서 인생 시나리오 쓰는 법을 친절히 알려주었다. 돈, 건강, 교육, 가족, 여행 등 총 8가지 목표를 얼마만큼 언제까지 이룰 것인지 적으라고 했다. 나는 그 목표를 아주 구체적으로 머릿속에 그리며 상상했다. 그 회사의 1박 2일 세미나는 한 달에 한 번 있다. 열정적인 회원들은 한 달에 한 번씩 인생 시나리오를 쓰고 있다.

진정 원하는 목표를 구체적으로 적는다는 게 결코 쉬운 일은 아니다. 많은 돈, 좋은 집, 좋은 차는 목표가 아니다. 누군가에게 보여주기 위한 목표는 진정한 목표가 아니다. 시간과 정성을 들여 내가 진정 이루고 싶은 목표를 글로 적자. 내 인생의 시나리오를 작성하면 생각과 행동이 시나리오를 따라가게 되고 멘탈이 단단해진다.

★ 지금 당장 이루고 싶은 목표를 구체적으로 글로 적는다.

★ 목적지를 내비게이션에 입력하듯 인생의 내비게이션에도 목표를 정확하게 입력해야 한다.

★ 목적지를 알아야 최악의 상황에서도 원하는 곳에 도착할 수 있다.

★ 인생의 내비게이션은 목표를 글로 적었을 때 목적지가 입력되고 작동하게 된다.

★ 자신의 성공을 의심하거나 두려워하지 않는다.

★ 시간과 공을 들여 인생 시나리오를 작성한다. 시나리오대로 살면 목표에 다가서고 멘탈이 강해진다.

IRON MIND 34 IRON WILL

작은 행동으로 변화를 시도하면 멘탈이 단단해진다

인간의 뇌는 생존의 위험을 즉각 감지하고 빠르게 반응한다. 변화에 두려움을 느끼고 안전하길 바라는 습성 때문이다. 또한 인간의 뇌는 새로운 일을 할 때는 하기 싫고 귀찮게 여기게 한다. 그래서 이때 작은 행동으로 변화를 꾀해야 더 쉽고 빠르게 적응할 수 있다.

프랑스의 소설가 베르나르 베르베르의 《뇌》에는 이런 말이 나온다. "변화를 두려워하는 것은 인간의 내재적인 속성인지도 모른다. 인간은 자기 습관에 변화가 생기는 것보다 설령 위험할지라도 자기에게 익숙한 것을 더 좋아한다." 이렇듯 인간은 자신이 잘 모르거나 익숙하지 않은 일이 생기면 두려움을 느낀다.

우리는 작은 변화에도 두려움을 느껴 스트레스를 받는다. 환경이 변하면 예민해지고 날카로워진다. 변화에 스트레스를 받지 않게 하려면 작은 행동으로 변화를 주어야 한다. 뇌가 두려움을 느끼지 못할 정도의 작은 행동이면 적당하다. 변화된 작은 행동이 익숙해지면 뇌도 익숙함을 느끼기 때문에 스트레스가 줄어든다. 새로운 일에 도전할 때도 작은 행동으로 변화를 줘야 무리 없이 그것을 이룰 수 있다.

새로운 일에 도전할 때 처음부터 큰 변화를 주면 작심삼일에 그치고 만다. 다이어트를 할 때 처음부터 무리한 식단과 운동 계획을 짜고 시작하는데 이런 계획은 더 스트레스를 받게 한다. 다이어트는 평생 하는 것이라는 생각으로 변화를 조금씩 줘야 뇌가 반응하지 않고 꾸준히 할 수 있다. '밥 한 숟가락 덜어내고 먹기.' '국은 건더기만 먹기.'처럼 뇌가 느끼지 못하게 조금씩 변화를 줘야 목표를 달성하기가 쉽다.

하기 싫고 귀찮은 것은 뇌의 작용이다

뭔가를 하려고 할 때 우리의 머릿속은 복잡해진다. 될 수 있으면 그 일을 하지 않을 궁리를 한다. 이건 이러니까 다음에 하고, 저건 저러니까 지금 안 해도 된다는 생각들로 가득하다. 이것은 뇌가 변화를 싫어해서 나타나는 현상이다. 이런 갈등이 생기면 작은 행동을 하는 쪽으로 손을 들어줘야 한다. 뇌가 거부하지 않는 선에서 갈등을 이겨내야 한다.

독일 보훔대학의 에르한 겐츠 교수 연구팀은 뇌의 구조가 일을 미루는 습관을 가져온다는 결론을 얻었다. 설문조사를 하고 264명의 뇌 영상을 분석한 결과 스트레스에 민감한 편도체의 크기가 클수록 일을 미루는 경향이 있고, 편도체의 정보를 받아 활성화되는 '배측전방대상피질'의 반응이 느리다는 것을 알아냈다. 배측전방대상피질은 스트레스 상황에서 필요한 반응을 지시해 감정과 고통을 조절하는 기능을 한다. 일을 미루는 사람들의 뇌 구조는 편도체가 크고 배측전방대상피질의 반응이 느리다.

이에 대해 에르한 겐츠 교수는 "편도체가 큰 사람들은 행동 결과에 대해 불안감을 더 느낄 수 있으며, 이 때문에 일을 시작하기 전에 망설이거나 미루는 경향이 있다."라고 했다. 일을 미루는 이유는 방해나 불안에 대한 조절 능력이 떨어지기 때문이다. 일을 미루는 습관은 외적 요인이 아닌 심리적 요인이 큰 것이다.

일이 귀찮아서 하기 싫을 때는 뇌를 속여야 한다. 작은 행동으로 뇌가 스트레스를 받지 않게 해야 한다. 심리전문가 모리야 스콧은 "일을 뒤로 미루는 경향이 있다면 몇 가지 트릭을 사용해 이를 극복할 수 있다."라고 했다. 그가 추천하는 극복 방법은 다음과 같다.

① 스스로 마감 시간을 정하고 규칙적이고 충분한 휴식을 한다.
② 해야 할 일을 구체적으로 자세하게 적는다.
③ 방해받을 만한 일을 최소화한다.

행동해야 더 나은 삶을 살 수 있다

누구나 꿈꾸는 것이 있다. 돈을 버는 시스템을 여러 개 만들고 싶다. 유연하고 탄탄한 몸을 갖고 싶다. 영어를 유창하게 하고 싶다. 일주일에 책 한 권을 읽고 싶다. 자격증을 따고 싶다……. 그런데 꿈꾸기만 하고 행동으로 옮기지는 않는다. 우리의 뇌는 여러 가지 핑곗거리를 만든다. 이건 이래서 안 되고 저건 저래서 못한다. 현대그룹 정주영 회장의 "이봐, 해봤어?"라는 말이 귓전을 때리는 것 같다. 우리는 해보지도 않고 포기하는 경우가 허다하다.

내가 골프용품 유통업을 잘하고 있다가 보험 영업을 하겠다고 했을 때, 책을 쓴다고 했을 때, 8년여 만에 골프숍을 다시 오픈한다고 했을 때 주변에는 격려하고 응원하는 사람보다 만류하는 사람이 더 많았다. 하지만 나의 심리적인 변화는 폭풍 같았다. 살면서 수많은 결정과 그에 따른 행동이 필요했지만 뭐 하나 편하게 할 수 있었던 것은 없었다. 그 결정을 할 때 엄청난 스트레스를 받았다. 불과 2년 동안 벌어진 일이었다. 스트레스도 많고 힘들었지만 매일매일 점점 더 나아지고 있다는 믿음으로 결정하고 행동했다. 그래서 아무런 후회가 없다.

잘되는 사람을 보면 배가 아프다. 그 사람을 따라 하면 잘 될 수도 있는데 행동하지 않는다. 잘되는 사람은 행동했기 때문에 잘된 것이다. 어떻게 해야 할지 모르는 사람은 배우면 된다. 배우기 위해서는 행동해야 한다. 정보가 넘치는 세상이라 손가락 하나만 까딱해도 수많은 정보를 얻을 수 있다. 배우고 나서 하면 된다. 행동해야 더 나은 삶을 살 수 있다.

MIRACLE MENTAL

★ 인간의 뇌는 변화에 민감하다. 뇌가 반응하지 않게 작은 행동으로 원하는 것을 시작할 수 있다.

★ 행동과 뇌는 상호작용하기 때문에 행동에 작은 변화를 시도해야 한다.

★ 일을 미루는 버릇은 뇌의 작용이므로 행동으로 이겨내야 한다.

★ 하기 싫고 귀찮은 일은 미루지 말고 사부작사부작 행동을 먼저 시작하자.

★ 작은 행동으로 습관을 만들면 실행력이 강해진다.

★ 행동은 더 나은 삶을 살게 해주는 원동력이다.

★ 자신을 격려하며 하고 싶은 일을 해나가면 멘탈이 강해진다.

IRON MIND 35 IRON WILL

실패의 두려움을 극복한다

공들인 일이 실패하면 경제적으로 힘들고 몸과 마음이 나락으로 떨어진다. 그 일을 시작한 것을 후회하거나 실패한 결과에 집착하면 괴로움에서 헤어나올 수 없다. 이런 상황에서는 새로운 도전이나 과제에 겁을 먹을 수밖에 없다. 이때는 실패가 하나의 경험이고 언제든 실패할 수 있다는 생각을 해야 한다. 이렇게 생각하면 실패를 두려워하지 않는다.

실패 없는 인생은 도전 없는 인생이다. 실패는 우리를 더욱 강하게 만들어준다. 여러 번 실패했다고 인생이 실패한 것은 아니다. 실패에 대한 두려움으로 도전하지 않는 것이 실패한 삶이다. 실패했어도 자신의 가치를 잊지 않으면 실패를 두려워하지 않는다.

성공한 사람들을 보면 부와 명예를 한순간에 얻은 것처럼 보인다. 지금의 화려한 모습만 보니 그렇게 보일 뿐이다. 그들에게 뼈저린 실패의 시간이 없었을까? 피눈물 흘리지 않고 성공한 사람이 있을까? 실패의 두려움을 이겨내고 다시 도전해 성공한 것이다. 성공한 후에 뒤돌아보면 실패는 추억일 뿐이다. 실패는 성공의 과정이고 추억이다.

지금 내 모습은 과거의 실패 경험이 만들어 놓은 모습이다. 나는 사업을 시작해서 다섯 번 실패한 경험이 있다. 이 밖에도 수많은 실패를 했다. 나는 포기가 빨랐다. 좀 더 열심히, 좀 더 꾸준히 하고 포기하지 않았다면 그때 실패했던 일들이 좋은 결실을 맺었을까? 그 실패한 경험 때문에 지금 더 열심히 살고 있는지도 모른다. 실패의 두려움 때문에 도전하지 않으면 아무것도 할 수 없다. 실패에서 끝나면 그것이 결과로만 남을 뿐이다. 사업에 실패하고 마음이 괴로울 때 매일 술을 마시며 새벽에 아파트 베란다에서 아래를 내려다본 적이 한두 번이 아니다. 실패는 과거의 경험일 뿐이다. 지금 다시 도전하고 있는지가 중요할 뿐이다. 포기하지 않으면 실패하지 않는다.

마이클 조던은 나이키 광고에서 이렇게 말했다. "계속 실패했다. 이것이 내가 성공한 이유다."

도전과 실패, 성공은 삶의 과정이다. 자신이 결정한 도전이 어렵고 힘들어도 후회하지 않아야 하는 이유다. 한 번 성공했다고 평생 성공한 인생을 사는 것은 아니다. 최고의 농구선수였던 마이클 조던이 야구에서는 실패했다. 그러나 후회하지 않고 더 강한 열정을 갖고 농구 코트로 복귀했다. 이렇게 실패는 더 강한 열정을 주기도 한다. 선택을 후회할 필요는 없다.

실패는 열정과 성숙을 선물한다

자신의 결정이 100% 옳다고 생각하면 실패를 받아들이기 힘들다. 자신이 실패한 이유를 남 탓이나 환경 탓으로 돌리면서 책임을 회피하기 쉽다. 실패를 인정할 수 없다면 책임 회피를 하는 건 아닌지 생각해봐야 한다. 자신의 결점과 실수를 인정해야 실패를 받아들이고 자신을 돌아볼 수 있다.

토모 런던은 샌프란시스코에서 6만여 개의 회사에 급여 등을 관리해주는 거스토Gusto를 운영하고 있다. 그는 18세에 이스라엘 기술 부대에 세 번 지원했지만 모두 떨어졌다. 시험에 낙방해 공군 전투부대에서 3년을 보낸 그는 이렇게 말했다. "돌이켜보면 내 가장 친한 친구들을 군생활 중에 만났습니다." 그는 콜센터 기술을 구축하는 회사 비즈모Vizmo를 창업했으나 고객 확보에 실패해 금방 문을 닫았다. 비즈모를 실패하고 구글에 입사지원서를 보냈지만 불합격 메일을 받았다. 그는 구글의 이메일을 "그동안 받아본 가장 행운의 낙방 이메일"이라고 회상했다. 구글 입사에 실패한 그는 스탠퍼드대학에 도전했다. 그곳에서 거스토의 공동 설립자인 두 명의 친구를 만났다.

"실패가 재미있다고 말하는 게 결코 아닙니다. 절대 그럴 리 없죠. 정말 속상한 일이지요. 하지만 그것이 게임의 일부라는 것을 알면 당신은 계속 발전할 수 있습니다."

그는 계속되는 실패에도 굴하지 않고 자신의 가치를 찾아 새로운 도전을 했다.

실패했다면 한 단계 성장하는 자신의 가치를 깊이 생각해야 한다. 자신이 누구인지, 무엇을 원하는지 강점과 약점을 생각하는 계기가 될 수도 있다. 실패만 생각하면 부정적인 생각이 들어 자신감을 잃게 되고 자괴감에 빠질 수 있다. 어차피 지나간 시간을 되돌릴 수는 없다. 다시 도전하지 않으면 실패라는 경험이 마지막 경험이 되고 무기력하게 인생을 보내게 된다. 실패를 하나의 경험이라고 생각하고 실패를 새로운 기회로 만들어야 한다.

'7전8기'라는 말이 있다. 일곱 번 넘어져도 여덟 번 일어난다는 말이다. 넘어지는 것을 두려워하면 일어나지 못한다. 만화 〈개구리 왕눈이〉 주제가는 '일곱 번 넘어져도 일어나라. 울지 말고 일어나 피리를 불어라.' 라는 내용이다. 실패했더라도 울지 말고 일어나야 한다. 다시 일어나는 시간이 조금 길게 걸릴 수도 있다. 하지만 마냥 움츠려 있으면 안 된다.

스노우폭스 김승호 회장은 실패를 맛보고 유리멘탈이 되었을 때 체력을 길렀다고 한다. 팔굽혀펴기 100번과 산책. 우리의 몸과 마음은 하나다. 체력을 기르면 마음도 단단해진다. 체력이 길러지면 두려움도 점차 줄어들고 다시 도전하는 힘이 생긴다.

일어나지 않고 주저앉아 있으면 실패한 삶을 받아들이는 것이다. 같은 실수를 반복하지 않으면 실패하는 확률은 줄어든다. 실패했어도 언젠가는 성공한다는 신념으로 다시 도전해야 한다.

MIRACLE MENTAL

★ 실패를 통해 자신의 결점과 실수를 인정하고 받아들이면 한 단계 성숙한다.

★ 실패는 지나고 나면 추억일 뿐이다.

★ 실패를 두려워하면 새로운 도전에 겁을 먹고 아무것도 할 수 없다.

★ 실패는 삶의 과정이다. 두려워하지 마라.

★ 일곱 번 넘어져도 여덟 번 일어난다는 생각으로 도전해야 한다.

★ 실패했다면 체력을 길러 다시 일어나야 한다.

★ 실패는 자신의 가치를 돌아보는 계기가 되고 더 성숙하게 만든다.

IRON MIND 36 IRON WILL

멘탈이 흔들릴 때는 도움을 요청하라

인간은 혼자 살아갈 수 없다. 인류의 역사가 시작된 이후로 협력은 생존의 필수요소였다. 인간은 불완전한 모습으로 태어나기 때문에 협력해야 아기를 안전하게 기를 수 있었다. 우리는 생존을 위해 서로 도움을 주고받는 것에 익숙하다.

혼자 감당하기 힘든 일이 생기면 몸과 마음이 지친다. 혼자 모든 것을 해결하려고 하면 기간도 오래 걸린다. 때로는 도움을 요청할 줄도 알아야 한다. 다른 사람에게 도움을 요청하는 것은 인생의 성공 법칙이다.

도움을 요청하는 것을 어렵게 생각할 필요는 없다. 여러 번 해봐도 잘 안 되는 것을 편하게 물어보는 것, 새로운 일을 하기 전에 조언을 구하는 것, 마음이 힘들 때 위로를 받는 것도 도움을 요청하는 것이다. 다만 도움을 청하는데 상대방이 민폐라고 느낄 정도가 되면 안 된다. 사사건건 도움을 청하는 것은 민폐다. 민폐가 반복되면 주변에 사람이 떨어져 나가고 도와줄 사람이 없게 된다. 일을 해보지도 않고 처음부터 도와달라고 하는 것은 남을 이용하려는 것이다. 도움을 요청하는 것과 누군가를 이용하려는 것은 본질이 다르다. 처음에는 멋모르고 도와줄지 몰라도 상대방도 바보가 아닌 이상 계속 도움을 주지는 않는다.

뉴욕주립대 엘리자베스 브론돌로 박사 연구팀은 스트레스가 심장에 미치는 영향에 관해 연구했다. 뉴욕시에 근무하는 교통 단속 경찰관들에게 혈압측정기를 착용하고 15분마다 혈압을 쟀다. 경찰관들은 단속하는 운전자와 있을 때 심박수와 혈압이 올랐다. 운전자가 과태료 문제로 폭언할 때마다 경찰관들은 신체적, 심리적으로 스트레스 반응을 보였다. 그러나 똑같은 상황에서 지원을 받은 경찰관들은 거친 운전자를 단속할 때도 심박수와 혈압이 크게 오르지 않았다. 같은 근무 환경에서 도움을 받은 사람과 그렇지 않은 사람의 스트레스 반응에 큰 차이가 났다. 이처럼 힘들 때 도움을 요청하면 몸과 마음이 안정을 찾는다.

자신의 불안함을 표현하고 도움을 청한다

목표가 중요할수록 두려움도 커진다. 두려울 때는 도움을 요청해야 한다. 다른 사람에게 도움을 요청하면 일뿐만 아니라 건강, 인간관계, 창조성 등에 큰 영향을 미친다.

스타벅스의 CEO 하워드 슐츠는 〈뉴욕타임스〉와의 인터뷰에서 리더가 되려는 사람들에게 이렇게 말했다. "모든 사람이 가지고 있는 불완전한 부분은 약점이 아니라 장점이다. 리더는 모든 것을 통제하고 자신의 약점을 감추려 하는데 잘못된 생각이다. 위대한 리더의 장점은 약점을 드러내는 것이다. 약한 부분을 표현할 때는 그 약점을 공격하지 않는 사람에게만 드러내야 한다. 신뢰할 수 있는 팀원들에게 자신의 두려움, 염려를 솔직하게 털어놓고 대화할 줄 아는 능력이 있어야 성공할 수 있다."

리더들도 자신의 불안함을 표현하고 도움을 청할 줄 알아야 한다. 에이브러햄 링컨의 도움 요청 기술은 위대한 성공으로 이끄는 최고의 한 수였다. 링컨은 내각을 구성할 당시 반대파들을 많이 포함시켰다. "믿지 않고 항상 비참해지는 것보다, 믿고 이따금씩 실망하는 것이 더 낫다." 링컨의 말이다.

중요한 일을 할 때 두려움과 중압감은 더 크기 마련이다. 이때 도움을 청하는 것을 주저하지 말아야 한다. 자신의 두려움을 믿을 만한 사람에게 솔직하게 털어놓아야 한다. 필요하면 자존심도 내려놓을 줄 알아야 한다. 다른 사람에게 도움을 구하면 자신의 목표와 성공에 한 걸음 다가가게 되고 멘탈도 단단해진다.

★ 인간은 사회적 동물이기에 협력하며 살아야 한다. 누군가에게 도움을 요청하기도 하고 주기도 하며 성숙해 가는 것이다.

★ 마음이 힘들거나 일이 잘 안 풀릴 때, 새로운 일을 시작할 때 도움을 받으면 멘탈이 편해진다.

★ 두려운 일에 도움을 청하면 혼자 하는 것보다 빠르고 쉽게 이겨낼 수 있다.

★ 다른 사람에게 도움을 받으면 스트레스가 줄어든다.

★ "혼자서는 모든 것을 다 할 수 없다. 목표를 성취할 때 타인의 도움에 의지하는 것을 두려워하지 마라." 오프라 윈프리의 말이다. 남에게 도움을 구하거나 의지할 때 두려워할 필요가 없다.

★ 다른 사람에게 도움을 요청하는 것은 인생의 성공 법칙이다.

IRON MIND 37 IRON WILL

당당한 자세로 걸으면 자신감이 생긴다

몸이 피곤하면 축 늘어지기 마련이다. 낯선 환경에서도 마음이 위축된다. 자신감이 없을 때는 움츠러들기도 한다. 몸이 움츠러들면 마음도 움츠러들게 된다. 자세가 구부정하면 표정도 굳어지고 힘이 없어 보이고 건강에도 안 좋다. 요즘 고개를 숙이고 스마트폰을 들여다보는 일이 많아서 거북목증후군 환자가 엄청 늘어나고 있다. 두통에 목과 어깨 근육이 뭉치고 눈까지 피로하다. 이 때문에 작업, 학습 능률이 떨어지고 신경이 예민해진다.

항상 당당하고 밝아 보이는 사람이 있고 왠지 힘없고 어두워 보이는 사람이 있다. 사람의 기운은 전염된다. 당당하고 밝은 사람 옆에 있으면 다 잘 될 것 같은 기분이 든다. 반면 어둡고 축 늘어져 있는 사람 옆에서는 내 몸도 늘어지고 자꾸 하품이 나온다. 기가 빨리는 것이다. 활기찬 기운이 사라지면 만사가 재미없고 부정적인 기분이 든다. 어깨를 곧게 펴고 표정을 밝게 하는 것만으로도 활기를 찾을 수 있다. 당당한 자세를 취해야 자신감이 생긴다. 당당하게 행동하면 매사에 활기를 만들 수 있다. 생활에 활기가 있어야 하는 일도 잘 되고 긍정적인 마음을 유지할 수 있다.

강해 보이는 자세

자신감이 없어도 당당한 자세를 취하고 행동하면 자신감이 생긴다. 감정과 신체가 연결되어 있어 자신감 있는 행동으로 자신감을 만들 수 있다.

에이미 커디 박사는 당당한 자세가 자신감을 키운다고 했다. '파워 포즈'와 '로우 포즈(힘없는 자세)'를 2분간 취한 후의 호르몬 변화에 관해 연구했다. 연구 결과 '파워 포즈'는 테스토스테론이 20% 늘고 코르티솔이 25% 줄어 자신감이 생겼다. 반면 '로우 포즈'는 테스토스테론이 10% 줄고 코르티솔이 15% 늘어 자신감이 저하되었다.

에이미 커디 박사의 테드 강연은 4000만 뷰를 돌파하며 엄청난 호응을 얻었다. 그녀가 말하는 '파워 포즈'는 전통적인 '원더우먼' 자세다. 턱을 들고, 손은 허리에 얹고, 양발은 어깨너비로 벌리고 서는 것이다. 마치 군대에서 유격훈련 조교와 같은 포즈다. 이렇게 강해 보이는 포즈를 하루에 2분씩만 취해도 삶의 질을 높일 수 있다. 강해 보이는 자세만 취

긍정 확언

— 나는 밝은 표정을 짓는다.

— 나는 당당한 자세를 유지한다.

— 나는 가슴을 쫙 펴고 어깨와 등을 편다.

— 나는 좋아하는 옷을 입는다.

— 나는 자신감 있게 걷는다.

— 나는 계속 성장하고 있다.

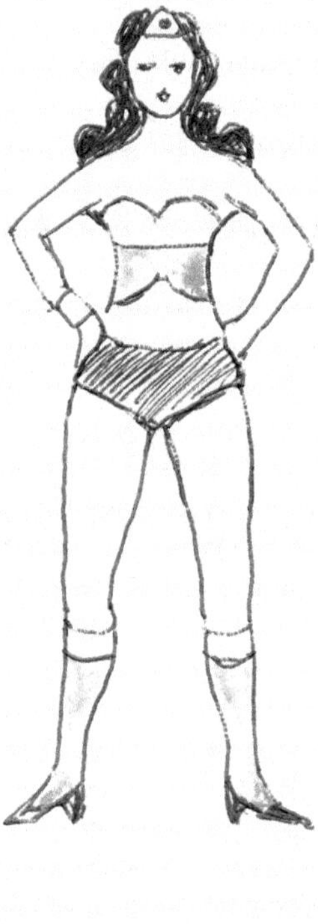

해도 자신감이 생긴다.

어떤 옷을 입는지에 따라 멘탈이 달라진다

옷은 입는 사람의 마음가짐을 달라지게 한다. 또 보는 사람의 마음을 움직이기도 한다. 마음에 드는 옷을 입으면 기분이 좋아지고 자신감이 넘칠 때가 있다. '옷이 날개'라는 말처럼 옷만 잘 입어도 자신감에 날개를 달 수 있다. 그 옷을 입는 날은 '멋지다.' '예쁘다.'는 칭찬을 듣고 기분이 좋아지기도 한다.

타이거 우즈는 경기 마지막 날에는 항상 빨간 티셔츠를 입는 것으로 유명하다. 김세영 선수도 '빨간 바지 마법'을 부린다. 입는 옷에 따라 그 날의 기분이나 자신감이 좌우된다.

건국대 이인자 명예교수는 이상적인 자신을 만들어 가는 데 의복이 중요한 역할을 한다고 했다. 옷차림이 단정하면 첫인상이 강하게 남고 조화로운 옷차림은 자신의 행복과 보는 사람에게도 즐거움을 준다.

TV에서 재래시장을 돌아다니며 춤을 추시는 분을 보았다. '꽃 아저씨'로 불린다. 상인들에게 웃음을 준다. 평상시 복장을 하고 인터뷰를 할 때는 카메라를 잘 쳐다보지도 못하는 내성적인 분이었다. 그러나 화려하게 분장하고 꽃을 단 옷을 입으면 활기차게 춤을 추고 자신감에 넘쳤다. 남들이 즐거워하는 모습에 자신도 행복하다고 한다. 춤추는 '꽃 아저씨'는 꽃 의상으로 최강 멘탈이 된다.

★ 당당한 자세와 표정으로 움츠린 몸과 마음을 펴야 한다.

★ 어깨와 등을 펴기만 해도 건강을 챙길 수 있다.

★ 기분이 가라앉으면 밝은 느낌의 옷차림으로 분위기를 바꿀 수 있다.

★ 좋아하는 옷차림으로 자신감을 얻을 수 있다.

★ 의식적으로 당당한 '파워 포즈'를 취해보자.

★ 가슴을 쫙 펴고 당당한 자세로 걸으면 자신감이 생기고 멘탈이 강해진다.

IRON MIND 38 IRON WILL

운동하면 우울증에서 벗어날 수 있다

운동하면서 땀을 흘리고 나면 마음이 상쾌해지고 기분도 좋아진다. 운동은 몸에 활력을 불어넣어 주고 긍정적인 마음을 갖게 해준다.

운동하면 뇌의 혈류량이 늘어나 산소 공급이 증가되어 머리가 맑아진다. 뇌에 에피네프린과 노르에피네프린의 분비가 적어지면 우울증이 생기는데, 운동은 이 호르몬의 분비를 증가시켜 우울증 치료에 효과가 있다. 또 엔도르핀의 분비를 촉진하여 좋은 기분을 느끼게 해준다. 운동은 몸과 마음의 최고의 보약이다.

예일대학교 연구원들은 운동이 정신건강에 어떤 영향을 미치는지, 어느 정도가 적당한 운동량인지 연구했다. 아담 체크라우드 박사는 "운동은 연령, 인종, 성별, 소득 및 교육에 관계없이 모든 사람에게 더 낮은 심리적 부담을 준다. 운동의 유형, 기간 및 빈도는 중요한 역할을 한다."라고 말했다. 운동은 많이 한다고 좋은 것만은 아니다. 운동을 한 번 할 때 45분 정도, 일주일에 3번에서 5번 정도 하는 게 효과적이다.

미국 50개 주의 120만 명의 성인을 대상으로 30일 동안 어떤 스트레스와 우울감을 느꼈는지, 운동은 어떻게 했는지를 조사했다. 운동하지 않은 사람들은 한 달에 우울한 날이 평균 10.9일이었다. 운동한 사람들은 우울한 날이 평균 7.1일로 34.5% 적었다. 집안일만 한 사람들도 운동을 안 한 사람들보다 우울한 날이 10% 정도 적었다. 집안일을 하는 것도 우울감을 없애는 효과가 있다.

바쁜 세상에서 과도한 긴장으로 사는 사람들은 고혈압이나 위궤양 같은 질병을 달고 산다. 운동하면 다음과 같은 효과를 볼 수 있다.

❶ 운동은 긴장을 풀어주고 여러 질병을 예방한다.
❷ 운동은 정신적 긴장을 완화시켜 스트레스에 잘 대응하게 해준다.
❸ 운동은 수면의 질을 향상시켜 피로 회복에 좋다.
❹ 운동은 몸을 민첩하게 해주고 생동감 있게 만든다.
❺ 운동은 생활에 활기를 불어넣어 주고 기분을 즐겁게 해준다.

운동하면 자신감이 생겨 일도 잘 된다

나는 운동 예찬론자다. 운동만큼 정직한 것은 없다. 운동하는 만큼 몸이 만들어진다. 노력한 만큼 보상을 받는 것이 운동이다. 운동하면서 성취감을 느끼면 자신감은 덤으로 온다. 무기력하고 자신감이 떨어졌을 때 운동을 해야 하는 이유다.

몸짱 아줌마로 유명한 정다연 씨는 과체중으로 건강이 안 좋아서 운동을 시작하게 되었다. 운동하면서 몸이 건강해지고 살이 빠지는 모습을 보고 자신감이 생겼다. TV 방송에서 과거 사진을 보여주며 이런 말을 했다. "33세에는 162cm의 키에 몸무게가 78kg이었다. 다이어트 전에는 콤플렉스가 많아 성격이 소극적이고 부정적이었다. 운동하면서 생각이 긍정적으로 바뀌었다. 자신감이 생겨 다른 사람들 앞에서 이야기도 할 수 있게 되었다."

운동하는 습관을 만든다

100세 시대를 넘어 110세 시대라고 한다. 기대수명이 점점 늘어나고 있다. 몸은 시간이 지나면 기능이 저하된다. 운동하는 습관을 만들어 건강한 몸을 유지해야 한다.

운동을 어떻게 시작해야 할지 고민이 된다면 일단 쉬운 것부터 시작해야 한다. 동네를 산책하면서 조금 빠르게 걸어보자. 집에서 팔굽혀펴기 한 번, 스쿼트 한 번이라도 해보자.

팔굽혀펴기 한 번으로 시작해 인생을 바꾼 스티븐 기즈는 이렇게 말했다. "거창한 목표 아래 보잘것없는 결과만 얻는 수많은 사람 중 하나로 남지 말고, 보잘것없는 목표 아래 위대한 결과를 얻는 단 한 명의 사람이 되도록 하자. 이것이 바로 작고 사소한 행동으로 위대한 결과를 만드는 '작은 습관'의 힘이다."

그는 안 하면 이상할 정도의 사소한 목표를 정하라고 했다. 팔굽혀펴기 한 번은 정말 멋진 목표다. 종이에 목표를 적어보자. '하루에 한 번 팔굽혀펴기 하기.' 이렇게 적어서 붙여 놓고 안 하면 이상하지 않은가?

내가 운동 예찬론자가 된 것은 그냥 운동을 좋아해서만은 아니다. 사업에 여러 번 실패하고 힘든 날을 보내던 시절에 운동을 안 했으면 버틸 수 없었을 것이다. 엄청난 스트레스와 삶의 압박감, 경제적 고통 등을 운동으로 극복했다. 운동은 우울증과 스트레스에 특효약이다. 강한 멘탈을 유지하려면 운동은 선택이 아닌 필수다.

MIRACLE MENTAL

★ 기분이 우울하고 자신감이 없다면 운동하면서 멘탈을 강하게 만들어야 한다.

★ 한 번에 45분 정도씩 일주일에 3번에서 5번 정도 운동한다.

★ 운동하면 혈액순환이 좋아지고 수많은 질환을 개선해준다.

★ 운동은 스트레스를 해소해주고 머리를 맑게 해준다.

★ 운동하는 만큼 성취감을 느끼고 자신감이 생긴다.

★ 운동하면 집중력이 좋아지고 하는 일도 잘 된다.

★ 꾸준히 운동하는 습관을 만들면 활력 넘치는 삶을 살 수 있다.

★ 운동하면 몸과 마음이 건강해지고 최강 멘탈을 만들 수 있다.

IRON MIND 39 IRON WILL

아낌없이 주고 대가를 바라지 않는다

사소한 일이라도 남에게 대가 없는 도움을 주면 마음이 뿌듯해진다. 다른 사람에게 도움을 줬다는 생각만으로도 자신이 대견하고 자신감과 자존감이 올라간다.

미시간대학교의 스테파니 브라운 박사는 장수하는 부부 432쌍을 5년간 조사했다. 이 부부들의 공통점은 봉사활동이었다. 이들은 다른 사람을 위해 아무 대가 없이 베풀며 살고 있었다. 스테파니 브라운 박사는 "남에게 나누어주고 베푸는 삶을 사는 사람은 그렇지 않은 사람보다 오래 살 확률이 2배 높다."라고 말했다.

다른 사람에게 친절을 베푸는 모습을 보기만 해도 몸과 마음의 건강이 좋아진다. 1988년 하버드대학교 의과대학은 타인의 봉사활동을 보기만 해도 면역력이 올라간다는 결과를 내놓았다. 학생들에게 테레사 수녀의 봉사활동 영상을 보여주니 면역항체 수치가 50% 올라갔다. 직접 친절을 베풀지 않고 봉사활동하는 영상을 보기만 해도 우리 몸은 더 건강해진다.

봉사활동을 하면 혈압과 콜레스테롤 수치가 낮아진다. 엔도르핀도 정상수치의 3배 이상 분비되어 삶의 활력을 준다. 미국의 앨런 룩스 박사는 봉사활동을 한 후 생기는 신체적, 심리적 포만감을 '헬퍼스 하이 Helpers High'라고 했다. 남을 위해 친절을 베풀면 신체적, 심리적 포만감이 몇 주간 유지된다. 남에게 봉사하거나 대가 없는 친절을 베풀면 몸도 마음도 하이 high 상태가 된다. 자신감과 자존감이 올라가고 멘탈이 강해진다.

친절은 성공으로 이끌어준다

가끔은 누군가에게 친철을 베풀고 나서 손해 보는 느낌을 가질 수도 있다. 남을 돕다 보면 자신의 에너지를 쏟기도 하고 가끔은 경제적으로 손해를 볼 때도 있다. 이때 후회하거나 찜찜해 하지 말자. 다른 사람을 위해 대가 없이 베푼 친절은 언젠가 다시 나에게 돌아온다.

펜실베이니아 와튼스쿨의 애덤 그랜트 교수는 세 가지 유형의 사람이 있다고 한다. 더 많이 주기를 좋아하는 '기버 giver', 더 많이 받는 것을 좋아하는 '테이커 taker', 받은 만큼 주는 '메처 matcher'이다. 기버는 대가를 바라지 않고 이타적으로 주기만 하는 사람들이다. 때로 기버들은 한없이 베풀다 녹초가 되어 베푸는 것을 포기하기도 한다. 다른 사람에게 이용당하기도 하고 주기만 하다 지치기도 하는 것이다. 그러나 균형 잡힌 기버들은 자신의 일에 큰 성과를 거둔다. 베푸는 것에 균형 잡힌 기버들 중에는 경제적으로도 성공한 사람들이 많다. 남에게 친절을 베푸는 것과 자신의 컨디션에 균형을 잘 잡기 때문이다.

남에게 대가 없이 베풀면 다른 사람에게 이용만 당하거나 호구로 보일까 불안해하기도 한다. 이때는 자신에게 관심을 기울여 균형을 잡아야 한다. 남에게 베풀다 보면 성공은 그림자처럼 따라온다.

베풀면 스트레스를 이겨내는 뇌파가 활성화된다

남에게 친절을 베풀거나 봉사활동을 하면 스트레스에 강한 뇌파인 세타파가 활발해진다. 봉사활동을 많이 하는 사람들은 마음이 평온해지고 스트레스에 강하다.

KBS 〈생로병사의 비밀〉에서 스트레스에 강한 사람들에 관해 방송했다. 의리맨 김보성을 취재했다. 52세라는 적지 않은 나이에 소아암 환자들을 위해 종합격투기 시합에 도전했다. 소아암 환자들을 위해 치른 시합이지만 극심한 스트레스를 받았다고 한다. 비록 시합에서는 졌지만 아이들을 위한 시합이었기에 후회가 없었다고 했다.

김보성이 왜 스트레스에 강한지 서울대학교 한국인뇌파데이터센터에서 그의 뇌를 검사했다. 김보성의 뇌파를 검사한 강승완 서울대학교 뇌파데이터 센터장은 이렇게 말했다. "담대하거나 명상을 많이 하거나 또는 마음에 뿌리가 깊은 사람들은 세타파의 양보다는 세타파 대역에서 연결성이 강한 형태를 보여준다. 김보성 씨는 스트레스 자극이 오더라도 큰 반응을 안 보이는, 평상심이 덜 흔들리는 양상이라고 볼 수 있다."

그렇다면 김보성은 어떻게 스트레스에 강했던 것일까? 김보성은 "우리가 이타심을 낼 때, 남을 위해 뛸 때 그 헌신하겠다는 마음이 오히려 스트레스와는 점점 멀어지는 길이 될 수 있다."고 했다. 실제로 김보성은 연탄 나눔, 헌혈, 영육아원 봉사 등 수많은 봉사활동에 참여하는 것으로 유명하다. 나눔과 봉사, 의리를 실천하고 있다.

거창한 봉사가 아니더라도 남에게 베푸는 일은 우리 뇌파를 스트레스에 강하게 만들어준다. 다른 사람을 위해 베풀면 극심한 스트레스 상황에서도 평상심을 유지하고 멘탈이 강해진다.

MIRACLE MENTAL

★ 남에게 베풀면 기분이 좋아진다.

★ 봉사활동은 장수의 비결이다.

★ 선한 일을 하면 몸과 마음이 건강해진다.

★ 친절을 베풀면 '헬퍼스 하이'라는 신체적, 심리적 포만감을 느낄 수 있다.

★ 자신의 컨디션과 베푸는 것에 균형을 잡아야 한다. 균형 잡힌 베풀기는 인생의 진정한 행복과 성공을 가져다준다.

★ 아낌없이 주고 대가를 바라지 않으면 멘탈이 강해진다.

"감사합니다"로 멘탈을 관리한다

우리가 사는 이 세상은 감사할 것이 너무 많다. 감사함을 너무 당연하게 생각하고 그것을 못 느끼고 살고 있을 뿐이다. 많은 사람이 감사하는 마음이 둔해져 표현할 줄 모른다. 삶에서 감사를 느끼고 말과 글로 표현하면 긍정적인 사고방식으로 살아갈 수 있다.

감사는 좋은 일이 있을 때만 하는 것이 아니다. 사소한 일에도 표현하면 행복지수가 올라가고 몸도 건강해진다. 이것을 습관으로 만들면 감사를 느낄 수 있는 감각이 발달한다.

나는 감사한 것들을 당연하게 생각하고, "감사합니다"라고 표현하지 않았다. 누군가에게 도움을 받아도 당연하게 여겼다. 오히려 욕심을 내어 더 바라기도 했다. 2018년 김새해 작가의 독서모임에 참가한 적이 있다. 거기서 고이케 히로시의《운이 풀리는 말버릇》을 읽었다. '감사합니다. 사랑합니다.'를 자주 표현하면 인생이 바뀐다고 했다. 돈 드는 것도 아닌데 나도 감사를 표현해보자고 마음먹었다. 아침마다 걸으면서 "감사합니다." "사랑합니다."를 홍얼댔다. 머릿속에 있던 것을 입으로 표현하니 작은 일에도 감사하다는 말이 저절로 나오기 시작했다. 긍정적으로 생각하고 작은 일에도 감사하는 습관이 자리 잡았다. 감사함에 안테나를 세우면 감사할 것이 너무도 많다. 숨을 쉴 수 있는 산소가 있는 것이 얼마나 감사한가. 먹을 때도 감사하고 잠을 잘 때도 감사하다. 따뜻한 커피 한 잔도 감사하다. 사고 없이 횡단보도를 무사히 건너는 것도 감사하다.

세상을 보는 관점에 감사의 렌즈를 씌우면 삶이 긍정적으로 바뀌고 멘탈도 편안해진다. 지금 감사한 일 3가지만 생각해보자. 그것을 글로 적어보자. 아침에 노트에 적거나 잠들기 전에 감사일기를 쓰는 습관을 만들면 더할 나위 없이 좋다.

감사함을 표현하면 행복지수가 올라간다

감사함을 표현할 때는 부정적인 생각이 들지 않는다. 마치 우울증 환자가 음식을 먹을 때 우울함을 느끼지 못하는 것과 같다. 기분이 우울할 때 감사의 표현을 더 많이 하면 긍정의 기운이 충만해진다.

캘리포니아 대학의 로버트 에몬스, 마이애미 대학의 마이클 맥클로우 심리학 교수는 감사 표현이 신체에 어떤 영향을 주는지 공동연구를 했다. 실험에 참가한 사람들 중 A 그룹은 매일 또는 매주 감사일기를 쓰게 했다. B 그룹은 평소처럼 지내며 아무 사건이나 적게 했다. 한 달이 지나서 보니 감사일기를 쓴 A 그룹의 4분의 3은 전보다 행복지수가 더 높게 나왔다. B 그룹에 비해 규칙적으로 운동을 하고 잠을 잘 잤으며 업무나 대인관계에서 좋은 결과를 보였다.

감사일기를 쓴 사람들은 삶의 만족도가 높고, 미래에 더 낙관적이었다. 로버트 에몬스 교수는 "감사하는 사람은 훨씬 생동감이 있고, 매사에 적극적이고 열정적이며, 다른 사람들과 더 맞닿아 있다고 느낀다. 생리학적으로 감사는 스트레스 완화제로 분노, 화, 후회 등 불편한 감정들을 덜 느끼게 한다."라고 말했다.

감사하면 뇌의 화학구조와 호르몬이 변해 뇌 좌측의 전전두피질을 활성화시킨다. 좌측 전전두피질이 활성화되면 긍정적인 감정을 느껴 스트레스가 완화되고 행복감을 높여준다. 감사하면 감정이 'reset(재설정)'되는 것과 같아 회복력이 좋아진다.

말은 우리 인생에 큰 영향을 미친다. 말버릇이 운명을 바꾼다. 평소에 하는 말은 잠재의식에 영향을 미친다. 감사의 말을 자주 하면 잠재의식이 받아들여 무의식적으로 긍정적인 마음이 생긴다. 긍정적인 기분은 우리 삶을 풍요롭게 해주고 행복하게 만든다. 감사와 사랑의 말버릇이 인생을 바꾼다. 자신과 남에게 감사하다는 표현을 자주 해야 인생이

긍정 확인

— 나는 건강하게 나이 들어서 감사하다.

— 나는 몸과 마음이 아름다워서 감사하다.

— 나는 사랑 안에서 안전하여 감사하다.

— 내 수입이 꾸준히 증가하고 있어 감사하다.

— 나는 자유로운 사람이라 감사하다.

긍정적으로 변한다. "감사합니다."라는 말이 잠재의식에 영향을 줄 수 있도록 자주 말해야 한다.

마음에 들지 않는 사람에게 부정적인 생각을 하면 자신에게 돌아온다. '저런 사람은 망해야 해'라는 생각을 할 때 '망한다'는 생각을 잠재의식은 누구에게 하는지 모른다. 부정적인 생각은 자신에게 영향을 미친다. 남에게 하는 것이라도 잠재의식은 부정적인 마음이나 생각에 초점을 맞추기 때문이다. 일본 속담에 "남을 저주하면 구멍(무덤)이 두 개"라는 말이 있다. 남을 저주하면 자신의 손해는 두 배라는 뜻이다. 항상 긍정적인 말을 해야 한다.

로버트 에몬스 교수는 감사의 효과를 이렇게 말했다.

① 감사하면 스트레스를 쉽게 이겨내고 자존감이 올라간다.

② 사회적 비교와 물질의 추구에서 해방된다.

③ 사회적 신뢰도를 높이고 선행을 한다.

④ 긍정적인 기억을 쉽게 떠올리고 목표를 달성한다.

⑤ 신체의 건강이 향상된다.

감사하는 생각과 말버릇으로 이와 같은 긍정적인 효과를 얻을 수 있다. "감사합니다."라고 말만 해도 자존감이 올라가고 최강 멘탈이 된다.

★ 매사에 감사하는 마음을 표현하면 행복지수가 올라간다.

★ 감사함을 말과 글로 표현하면 몸이 건강해지고 멘탈도 좋아진다.

★ 감사의 렌즈를 통해 시각을 재구성하면 감사한 것들이 잘 보이게 된다.

★ 감사일기를 10년 넘게 쓴 오프라 윈프리는 이렇게 말했다. "인생에 어떤 일이 일어나더라도 감사의 마음을 잊지 않았을 때 기회와 인간관계, 그리고 돈까지도 나에게 다가오고 있었다."

★ "감사합니다."는 멘탈을 강하게 하는 최고의 말이다.

참고 문헌

가브리엘 외팅겐, 이종인 역, 《무한긍정의 덫》, 세종서적, 2015

고봉익, 김승, 성기철, 《습관 66일의 기적》, 새앙뿔, 2010

김상운, 《왓칭》, 정신세계사, 2011

김상운, 《흔들리지 않는 공부 멘탈 만들기》, 움직이는서재, 2016

김승호, 《돈의 속성》, 스노우폭스북스, 2020

라인홀트 메스너, 김희상 역, 《에베레스트 솔로》, 리리, 2020

류한평, 《자기최면》, 갑진미디어, 2016

마크 맨슨, 한재호 역, 《신경 끄기의 기술》, 갤리온, 2017

모리 겐지로, 정지영 역, 《기적의 집중력》, 비즈니스북스, 2017

베르나르 베르베르, 이세욱 역, 《뇌》, 열린책들, 2006

스티븐 기즈, 구세희 역, 《습관의 재발견》, 비즈니스북스, 2014

시라토리 하루히코, 유미진 역, 《기꺼이 나로 살아갈 것》, 추수밭, 2015

에밀 쿠에, 윤지영 역, 《자기암시》, 연암사, 2018

에이미 모린, 유혜인 역, 《나는 상처받지 않기로 했다》, 비즈니스북스, 2015

존 엘리엇, 김원옥 역, 《거만한 놈들이 세상을 바꾼다》, 한언, 2005

칼 구스타프 융, 정명진 역, 《심리 유형》, 부글북스, 2019

케이 레드필드 재미슨, 박민철 역, 《조울병 나는 이렇게 극복했다》, 하나의학사, 2005

켈리 맥고니걸, 신예경 역, 《스트레스의 힘》, 21세기북스, 2020

호시 와타루, 김정환 역, 《신의 멘탈》, 21세기북스, 2019

내가 소중한 이유 10가지를 적어 보자

1

2

3

4

5

6

7

8

9

10

나의 장점 10가지를 적어 보자

1

2

3

4

5

6

7

8

9

10

나의 좋은 습관 10가지를 적어 보자

1

2

3

4

5

6

7

8

9

10

긍정 확인 10가지를 적어 보자

1

2

3

4

5

6

7

8

9

10

지금 감사한 일 10가지를 적어 보자

1

2

3

4

5

6

7

8

9

10